Daniel Goleman · Paul Kaufman
Michael Ray

Kreativität
entdecken

Aus dem Amerikanischen
von Hainer Kober

Carl Hanser Verlag

Titel der Originalausgabe:
The Creative Spirit
by Daniel Goleman, Paul Kaufman and Michael Ray
(Plume 1993)
Copyright © Alvin H. Perlmutter, Inc., 1992
Mit freundlicher Genehmigung von Dutton Signet,
ein Imprint von Penguin Books U.S.A Inc.

2   3   4   5   6   01   00   99   98   97

ISBN 3-446-19110-0
Alle Rechte der deutschen Ausgabe:
© Carl Hanser Verlag München Wien 1997
Satz: Jung Satzcentrum, Lahnau
Druck und Bindung: Franz Spiegel Buch, Ulm
Printed in Germany

Inhalt

Vorwort 9
Wile E. Coyote trifft Buddha

Erstes Kapitel
Kreativität von innen

Anatomie des kreativen Augenblicks 17
Vorbereitung · Inkubation · Zufallsgelenkte Tagträume · Eingebung

Große Entwürfe und enge Schränke 25
Kreativität hat mit Führung zu tun · Kreativ sein in X · Großes K und kleines k · Kreativität und Eintopf · Neigung und Ausdauer · Kreativität ist an kein Alter gebunden

Kreatives Leben und kreative Strategien 41
Trau dich, naiv zu sein · Die Kunst des Zuhörens · Lernen durch Risiko · Wie ein Kojote? · Angst ist die Dienstmagd der Kreativität

Die Kreativität erweitern 53
Flow oder White Moment · Selbstvergessenheit · Wie das Wasser · Wie die Kinder

Zweites Kapitel
Kreativität in Kindern

Kreativität fördern 67
Kreativitätskiller · Lob des Kritzelns · Kinder sind keine kleinen Erwachsenen · Lust statt Leistungsdruck · Sich heimisch fühlen

Intelligenz – ein revolutionäres Konzept 85
Die sieben Intelligenzen · Lehrlinge willkommen

Spielerischer Unterricht, der klappt 97
Kreativität auf italienisch · Jenseits von gut und mangelhaft

Kindermuseen 109
Woher kommt die Milch? Aus der Tüte natürlich · Sprache und Raum

Odyssey of the Mind 114
Jenseits von richtig und falsch · ›Großartig‹ ist das wenigste

Drittes Kapitel
Kreativität am Arbeitsplatz

Reform des Arbeitsplatzes 124
Von der Maschinerie zum Organismus · Was wir tun können · Männer und Frauen, die neue Wege gehen

Jenseits der Hierarchien 134
Berufsbezeichnung: Leonardo da Vinci · An den Ergebnissen teilhaben · Klein ist besser · Gemeinsam klettern · Der Führer als Provokateur · Sich anpassen, um zu überleben · Arbeitsbienen und Kundschafterbienen

Ideen erwünscht 154
Negativität besiegen · Trau dich, positiv zu sein · Vom Wert der Intuition · Das Risiko liegt im Auge des Betrachters · Ein Akt des Glaubens

Mehr als nur ein Job 166
Wolken auf dem Fußboden · Eher wie eine Familie · Ein anderer Rentabilitätsbegriff

Viertes Kapitel
Kreatives Zusammenleben

Eine natürliche Interdependenz 182
Die Ballade vom Oak Creek Canyon · Rettung eines Regenwaldes

Leiden lindern 190
*Avance – ein Weg zu neuer Hoffnung · Kreativer Altruismus · Nicht
einfach* Business as usual

Vereinigung von sakraler und säkularer Welt 200
Bewährung am Stein · Eine Symbiose besonderer Art

Eine globale Renaissance der Kreativität 209
Schwimmt gegen den Strom!

Danksagung 216

Vorwort

Wile E. Coyote trifft Buddha

Der Zeichner Chuck Jones, der Wile E. Coyote erfunden hat, meint, um einen Kojoten zu zeichnen, »mußt du einen Kojoten in dir haben. Und du mußt ihn da herausholen. *Animation* – Trickfilmzeichnen – heißt, zum Leben erwecken. Und wie erweckst du zum Leben? *Indem du es in dir findest.*«

Als wir für die Fernsehserie *The Creative Spirit* im japanischen Kioto drehten, erklärte uns ein Schnitzer buddhistischer Figuren: »Beim Schnitzen suche ich nach dem Buddha *im Holz.* Ich muß ihn aus dem Holz herausholen und dabei sehr aufpassen, daß ich nicht in den Buddha schneide.« Mr. Coyote und der Buddha haben eine gemeinsame Wahrheit. Kreativität findet nur statt, wenn wir etwas, das in uns ist, außerhalb unser zum Leben erwecken.

Bei der Produktion der Serie haben wir viele Menschen in aller Welt befragt, wie sie es anstellen, ihre Kreativität zu entdecken und zu nutzen. In Schweden interviewten wir die Arbeiter einer Schwermaschinenfabrik, die alle die gleiche Arbeitsplatzbeschreibung haben: »Mitarbeiter an verantwortlicher Stelle«. Jeder Arbeiter versieht das Werkstück, das er hergestellt hat, mit seinem Namen. »Die Produkte, die wir herstellen«, sagt der Firmengründer, »sind Ausdruck dessen, was wir sind.«

In Italien erlebten wir Schulkinder, die sehr eigenwillige Bilder mit leuchtenden Farben und phantastischen Formen malten. *Niente senza gioia* – »nichts ohne Freude« lautete das Motto der Schule. Die Manager eines Versorgungsunternehmens in Iowa beobachteten wir, wie sie sich den Strapazen

9

eines Kletterkurses unterzogen, um die Angst vor Risiken zu überwinden und das Vertrauen in andere zu lernen. Freude, Verantwortung, Vertrauen – das erwies sich als Universalsprache der Kreativität.

Zurück zu unserem findigen Freund Wile E. Coyote: Was täte er, wenn er auf einer seiner Wüstenstraßen tatsächlich den Buddha träfe? Würde er ein philosophisches Gespräch über die Frage beginnen, warum die Jagd nach Road Runners (Erdkuckucke) sinnlos ist oder warum er auch weiterhin Acme-Produkte kauft, die nie funktionieren. Vielleicht käme ihm auch das folgende Sprichwort in den Sinn: »Wenn du den Buddha auf der Straße triffst, bring ihn um.« Damit ist gemeint, daß dieser Buddha nur eine Illusion sein kann und daß man das, worauf es wirklich ankommt, in sich selbst suchen muß. Jeder, der zäh um Kreativität ringt, dürfte diesen klugen Rat richtig verstehen: Wenn Sie den Geist der Kreativität außerhalb Ihrer selbst zu finden hoffen, dann suchen Sie am falschen Ort.

Unter dem »Geist der Kreativität« ist der Lebensgeist zu verstehen, den man einer Sache einhaucht, der schwedische Arbeiter zum Beispiel dem Stahlstück, das er formt und poliert. Und der kreative Geist lebt *in Ihnen* – ganz gleich, was Sie tun. Der Schwierigkeit ist natürlich, ihn freizusetzen. Wir hoffen, daß Ihnen dieses Buch dabei helfen kann.

PAUL KAUFMAN

Erstes Kapitel

Kreativität von innen

»In jedem Geniestreich erkennen
wir Gedanken, die wir selbst ver-
worfen haben.«

Ralph Waldo Emerson

Kennen Sie das?
Sie joggen, Sie sind vollkommen gelöst, und Ihr Bewußtsein ist leer wie ein unbeschriebenes Blatt. Plötzlich taucht in Ihrem Kopf die Lösung eines Problems auf, über das Sie sich seit Tagen oder Wochen den Kopf zerbrechen. Verblüfft fragen Sie sich, warum Sie nicht früher darauf gekommen sind . . .

Das sind die Augenblicke, in denen Sie Verbindung zum Geist der Kreativität aufnehmen, dieser scheuen Muse der guten – und manchmal großartigen – Ideen. Der Geist der Kreativität ist mehr als eine gelegentliche Einsicht oder ein Strohfeuer. Wenn er sich regt, dann krempelt er das ganze Leben um, das fortan von dem Wunsch bestimmt wird, Neues zu schaffen, die Dinge auf völlig neue Art zu tun, Träume Wirklichkeit werden zu lassen.

Egal, wer Sie sind, der Geist der Kreativität kann auch in Ihrem Leben heimisch werden. Er ist jedem zugänglich, der den Drang verspürt, zu tüfteln, neue Möglichkeiten zu erkunden, die Dinge ein bißchen besser zurückzulassen, als er sie vorgefunden hat. Beispielsweise wirkte der Geist der Kreativität im Leben von Martin Luther King, dessen Visionen und gewaltfreie Sozialstrategien sein Land verändert haben. Er war spürbar im Leben von Martha Graham, die dem modernen Tanz bis zu ihrem Tod mit sechsundneunzig Jahren entscheidende Impulse gab. Aber er wirkt auch in dem Drei-Sterne-Koch, der sich ständig neue Gerichte einfallen läßt, oder in dem engagierten Lehrer, der immer neue Wege findet, das Interesse seiner Schüler zu wecken.

Kreative Augenblicke sind entscheidend für alles, was wir tun, ganz gleich, in welchem Lebensbereich – ob in unseren zwischenmenschlichen Beziehungen, in Familie, Beruf oder Gesellschaft. In diesem Kapitel wollen wir uns mit der Anatomie des kreativen Augenblicks und dem Wesen der Kreativität beschäftigen.

Wenn Sie sich für das, was Sie tun, eine neue Methode einfallen lassen – und diese Methode klappt –, dann ist das ein Ausdruck von Kreativität. Wenn Sie die ausgetretenen Wege verlassen, um ein Problem zu lösen, und andere mit Ihrem Erfolg beeinflussen, dann gewinnt Ihre Kreativität eine soziale Dimension.

In diesem Kapitel werden wir einige Menschen kennenlernen, die über genügend Leidenschaftlichkeit, Ausdauer und Humor verfügen, um den Geist der Kreativität zum Leben zu erwecken. Das sind:

JIM COLLINS, der in seiner Lehrtätigkeit an der Graduate School of Business der Stanford University die Erkenntnisse zur Anwendung bringt, die er als einer der waghalsigsten und besten Kletterer der Welt gewinnt.

ALEXA CANADY, eine pädiatrische Neurochirurgin, die kreative Methoden entwickelt hat, um ihren kleinen Patienten zuzuhören und von ihnen zu lernen.

PAUL MACCREADY, der produktive Erfinder, dem die Konstruktion des Gossamer Condor – der ersten durch menschliche Muskelkraft betriebenen Flugmaschine – gelungen ist, indem er einige Grundprinzipien des Flugzeugbaus in Frage stellte, und

CHUCK JONES, der legendäre Zeichner von Bugs Bunny, Wile E. Coyote und Daffy Duck, der glaubt, daß die Furcht vor dem »Drachen« der Angst einen unentbehrlichen Impuls für die Entfaltung der Kreativität liefert.

Auf den Seiten dieses Buches werden wir ferner sehen, was Eltern tun können, um die frühen Interessen ihres Kindes zu entdecken und sie so zu fördern, daß daraus eine lebenslange Leidenschaft wird. Und wie sie die ›Kreativitätskiller‹ vermeiden können, die die kindliche Phantasie im Keim ersticken.

Auf einer Reise nach Italien werden wir eine der besten Vorschulen der Welt besuchen und in Indianapolis eine Grundschule kennenlernen, die kreative Projekte anbietet, statt sich an den engen Fächerkanon des üblichen Schulbetriebs zu halten. Und wir werden erleben, wie eine Kinderolympiade der Kreativität durch gesunde Konkurrenz die besten Kräfte ihrer Teilnehmer mobilisiert.

Anschließend werden wir innovative Wirtschaftsunternehmen in aller Welt aufsuchen und betrachten, was für verblüffende Möglichkeiten sie gefunden haben, um die Kreativität ihrer Arbeitnehmer zu steigern. Ein schwedisches Unternehmen verzichtet auf restriktive Berufsbezeichnungen, hierarchische Befehlsstruktur und finanzielle Geheimniskrämerei. Das Ziel: die Verantwortung für Innovation und Problemlösung letztlich auf alle Arbeitnehmer zu verteilen. Ein kalifornisches Unternehmen bietet einen Kinderhort auf dem Werksgelände an und versucht, durch ein familienfreundliches Betriebsklima Streß abzubauen. Die Theorie: Arbeitnehmer, die ihre Kinder jederzeit sehen können, machen sich weniger Sorgen und sind zufriedener – was ihrer Produktivität zugute kommt. Ein Unternehmen in Iowa schickt seine Mitarbeiter aufs Land, wo sie sich an einer Kletterwand bewähren müssen, damit sie lernen, sich gegenseitig zu vertrauen und kreative Risiken einzugehen.

Ferner werden wir erleben, wie Menschen in der ganzen Welt ihre Kreativität nutzen, um neue Lösungen für dringende humanitäre Probleme zu finden. So werden wir auf der Suche nach kreativem Altruismus eine Gruppe lateinamerikanischer Frauen in Texas kennenlernen, die sich zusammengeschlossen haben, um die Bildungschancen ihrer Kinder zu verbessern. Ein japanisches High-Tech-Unternehmen setzt modernste Roboter ein, um Arbeitsplätze für Schwerbehinderte zu schaffen. In Schweden veranstalten Kinder Wohltätigkeitsbasare und schreiben Lieder, um Geld für die Rettung eines Regenwaldes in Costa Rica zu sammeln. Im Kampf gegen Armut und Hoffnungslosigkeit bildet eine Großstadtkirche Gemeindemitglieder zu hochqualifizierten Steinmetzen aus.

Schließlich werden wir uns der Frage zuwenden, wie unsere Gesellschaft eine Kreativitätsrenaissance auf breiter Front in die Wege leiten könnte. In der Wüste von Arizona werden wir uns mit der interessanten These auseinandersetzen, daß sich das Geheimnis unserer kreativen Wiedergeburt in der Natur selbst finden lasse.

Überall auf diesen Seiten finden Sie Anregungen, die Ihnen zeigen, wie Sie den Geist der Kreativität in Ihrem Leben heimisch machen können. Zum Beispiel werden Sie erfahren, was für Übungen Sie machen können, um die garstige innere Stimme der Kritik zum Verstummen zu bringen und aus dem Staunen und der Intuition neue Kräfte zu gewinnen.

Anatomie des kreativen Augenblicks

Vorbereitung

Zurück zu unserem Jogger. Die jähe Eingebung, der Augenblick, da Sie ein Problem lösen, mit dem Sie sich seit Wochen herumschlagen, ist der Endpunkt eines Prozesses, der sich in einige deutlich voneinander geschiedene Phasen gliedert. Als im 19. Jahrhundert ein solcher Genieblitz dem französischen Mathematiker Henri Poincaré während eines Urlaubs die Lösung eines schwierigen mathematischen Problems zutrug, über das er sich schon lange den Kopf zerbrach, hat er als erster jene Schrittfolge beschrieben, die heute noch als Grundlage der kreativen Problemlösung gilt.

Die erste Phase ist die Vorbereitung: Sie vertiefen sich in das Problem und verschaffen sich alle Informationen, die mit ihm zu tun haben könnten. Hier lassen Sie Ihrer Phantasie freien Lauf und verschließen sich keinem Aspekt, der auch nur entfernt von Bedeutung sein könnte. Es geht darum, möglichst unterschiedliche Daten zusammenzutragen, damit sich ungewöhnliche und unerwartete Verknüpfungen ergeben können. Wichtig ist dabei, daß Sie offen sind, daß Sie die Fähigkeit haben, unvoreingenommen und aufmerksam zuzuhören.

Das ist leichter gesagt als getan. Wir sind an die konventionellen Methoden der Problemlösung gewöhnt. Psychologen nennen dieses Verhaftetsein in der Routine »funktionale Fixierung«: Wir betrachten das Problem nur aus der naheliegenden Perspektive – wir kommen nur auf die bequeme Methode, mit der wir es immer angehen. Nicht ganz ernst gemeint, bezeichnet man das Ergebnis gelegentlich auch als ›Psychosklerose‹ – Einstellungsverhärtung.

Als ein weiteres Hindernis für unvoreingenommene Informationsaufnahme erweist sich die Selbstzensur, die innere Stimme der Kritik, die den Geist der Kreativität auf die Grenzen dessen einengt, was akzeptabel erscheint. Diese Stimme flüstert Ihnen zu: »Die anderen werden denken, daß du verrückt bist«, »Das kann überhaupt nicht klappen« oder »Das ist viel zu einfach«.

Wir können lernen, diese kritische Stimme zu erkennen und ihre destruktiven Ratschläge mutig zu übergehen. Denken wir an Mark Twain, der gesagt hat: »Ein Mensch mit einer neuen Idee ist so lange ein Spinner, bis sich die Idee als erfolgreich erweist.«

Zur Vorbereitung gehört noch ein anderer Aspekt, der häufig außer acht gelassen wird, weil er nicht gerade angenehm ist: die Frustration. Frust kommt auf, wenn der rationale, analytische Verstand, der angestrengt nach einer Lösung sucht, an seine Grenzen stößt. Dazu meint Jim Collins von der Stanford University, der vielversprechendem Wirtschaftsnachwuchs Kreativität vermittelt: »Wenn man mit Menschen spricht, die wirklich Kreatives geleistet haben, dann erzählen sie einem von vielen Stunden Arbeit, Qual, Frust, all der Vorbereitung, die erforderlich ist, bis es endlich Klick! macht und man plötzlich einen Riesensprung vorwärtskommt. Diesen Sprung kann man aber nicht tun, ohne sein Hirn zu zermartern.«

»Du mußt ganz bei der Arbeit sein und sie ganz bei dir. Du gehst völlig in ihr auf und sie völlig in dir.«

Louis Nevelson
Bildhauerin

Obwohl niemand Gefallen an Frust und Verzweiflung findet, nehmen Menschen, die ihr Leben lang kreativ bleiben, solche qualvollen Durststrecken als unumgänglichen Teil des kreativen Prozesses auf sich. Wer ›die Dunkelheit vor der Dämmerung‹ als unvermeidlich akzeptiert, profitiert davon in mehr als einer Hinsicht. Betrachtet man die Dunkelheit als notwendiges

Vorspiel für das kreative Licht, so ist man weniger geneigt, Enttäuschungen auf persönliche Unfähigkeit zurückzuführen oder sie ausschließlich negativ zu sehen. Bei einem positiveren Verständnis der Angst ist unter Umständen die Bereitschaft größer, den Versuch zur Lösung des Problems trotz aller Frustration fortzusetzen. Da einiges dafür spricht, daß Menschen an der Lösung vieler Probleme nicht deshalb scheitern, weil die Probleme unlösbar sind, sondern weil sie vorzeitig aufgeben, zählt Ausdauer zu unseren wichtigsten Verbündeten. Trotzdem gelangt man häufig an einen Punkt, wo die klügste Vorgehensweise darin besteht, alle Versuche einzustellen. Das ist der Augenblick, da der rationale Verstand vor dem Problem ›kapituliert‹.

Inkubation

Wenn Sie alle relevanten Aspekte in Ihre Überlegungen einbezogen haben und an die Grenzen Ihrer Vernunft gestoßen sind, dann können Sie das Problem sich selbst überlassen. Das ist die Inkubationsphase, in der sie alles, was Sie aufgenommen haben, verdauen. Während die Vorbereitung aktive Arbeit verlangt, ist die Inkubation passiver, eine Phase, in der sich viele Vorgänge Ihrer bewußten Aufmerksamkeit entziehen: Sie spielen sich in den unbewußten Bereichen Ihres Geistes ab. Sie ›überschlafen‹ die Dinge, wie der Volksmund sagt.

Auch wenn Sie das Problem nur von Zeit zu Zeit aus dieser geistigen Dämmerzone in das helle Licht Ihrer Aufmerksamkeit ziehen, sucht Ihr Geist fortwährend nach einer Lösung, egal, ob Sie bewußt darüber nachdenken oder nicht. So kann die Antwort Sie durchaus im Traum überraschen oder in dem traumähnlichen Zustand zwischen Wachen und Schlafen.

Häufig unterschätzen wir die Kraft des Unbewußten. Dabei ist seine kreative Erkenntnisfähigkeit weit größer als die des bewußten Verstandes. Im Unbewußten gibt es keine Selbstzensur, so daß sich die Ideen dort in bunter Mischung zu unbekannten

Schritte in die Dunkelheit

»Kreative Menschen sind risikobereit«, sagt Benny Golson, Jazzmusiker und Komponist. »Wer kreativ ist, macht immer zwei Schritte in die Dunkelheit. Alle können sehen, was im Licht liegt. Sie können es nachahmen, gutheißen, abändern, ihm eine neue Form geben, aber die wahren Helden wagen sich in die Dunkelheit des Unbekannten vor.

Dort entdeckst du ›andere Dinge‹. Ich sage andere Dinge, weil die neuen Dinge, die du entdeckst, noch keinen Namen haben und sich manchmal auch jeder Beschreibung entziehen – wie ein Neugeborenes. Es hat keinen Namen, es läßt sich nicht beschreiben. Ist runzlig. Sieht aus wie sein eigener Großvater, dabei ist es erst einen Tag alt. Mit der Mutter hat es Ähnlichkeit, aber auch mit dem Vater. Doch nach kurzer Zeit ist es schön und hat einen Namen. Sehr oft ergeht es uns mit unseren Ideen genauso, denen, die

Mustern und überraschenden Zusammenstellungen verbinden können.

Ein anderer Vorzug des Unbewußten liegt darin, daß in ihm alles gespeichert ist, was Sie wissen, auch das, was Sie nicht ohne weiteres aus Ihrem Bewußtsein abrufen können. Von den Kognitionswissenschaftlern, die den Informationsfluß im Gehirn untersuchen, wissen wir, daß alle Erinnerung unbewußt ist, bevor sie bewußt wird, und daß nur ein winziger Bruchteil dessen, was unser Geist aufnimmt – weniger als ein Prozent –, je das Bewußtsein erreicht. Insofern ist das Unbewußte intellektuell produktiver als der bewußte Teil des Geistes – es hat viel mehr Daten, auf die es sich stützen kann.

Im übrigen wendet sich das Unbewußte in einer Sprache an uns, die über alle Wörter hinausreicht. Zur Weisheit des Unbewußten gehören die intensiven Empfindungen und vielfältigen Bildwelten, die die Intelligenz der Sinne ausmachen. Häufig äußert sich das Wissen des Unbewußten als eine vage Empfindung von Richtigkeit – eine Ahnung. Wir sprechen dann von Intuition.

Unsere Intuition bedient sich direkt aus dem riesigen Informationsspeicher, der dem Unbewußten offensteht, sich dem Bewußtsein aber in weiten Bereichen verschließt. Aus diesem Grund rät man Kindern in Kursen, die sie auf den Schuleignungstest vorbereiten, bei schwierigen Fragen einfach die Antwort anzukreuzen, die ihnen auf den ersten Blick richtig erscheint. Tatsächlich hat man in empirischen Untersuchungen festgestellt, daß die ersten Ahnungen häufig eine bessere Entscheidungsgrundlage bieten als die Argumente, zu denen man gelangt, nachdem man das rationale Für und Wider eingehend abgehandelt hat. Wenn wir auf unsere Intuition vertrauen, dann halten wir uns in Wirklichkeit an die Weisheit des Unbewußten.

wir aus der Dunkelheit holen. Dunkelheit ist wichtig – und das Risiko, das mit ihr verbunden ist.«

Zufallsgelenkte Tagträume

Für Erkenntnisse des Unbewußten sind wir empfänglicher, wenn wir dösen und an nichts Besonderes denken. Deshalb sind Tagträume so nützlich bei der Suche nach kreativen Lösungen. Daß es durchaus sinnvoll sein kann, ein Problem beiseite zu schieben, nachdem man sich eine Zeitlang darin vertieft hat, weiß auch Paul MacCready zu berichten, ein Erfinder, der seine Kreativität auf manch harte Probe gestellt hat, etwa indem er ein Flugzeug konstruiert hat, das mit menschlicher Muskelkraft betrieben wird:»Zunächst einmal müssen Sie sich in Ihren Gegenstand vertiefen und natürlich auch über ein gewisses technisches Wissen verfügen«, sagt MacCready.»Wenn Sie die Sache dann zu interessieren beginnt, fangen Sie in Ihren Mußestunden an, darüber nachzudenken. Vielleicht finden Sie nicht gleich eine Lösung und vergessen das Ganze eine Zeitlang. Aber plötzlich, beim Rasieren, kommt Ihnen die zündende Idee.«

Rasieren gehört zu MacCreadys kreativsten Beschäftigungen:»Sie konzentrieren sich gerade genug, um Ablenkungen weitgehend auszuschließen, und Ihnen gehen die verschiedensten Gedanken durch den Kopf. Und plötzlich fällt Ihnen die Lösung für irgendeine schwierige Aufgabe ein, die Sie an diesem Tag erwartet, oder für eines der großen Projekte, mit denen Sie beschäftigt sind.«

Wann immer Sie etwas Zeit zum Tagträumen und Entspannen erübrigen können, kommt das dem kreativen Prozeß zugute: eine Dusche, eine lange Autofahrt, ein ruhiger Spaziergang. Beispielsweise hat Nolan Bushnell, Gründer der Atari Company, den Einfall zu einem Hit unter den Videospielen gehabt, als er faul am Strand lag.

»Wirklich gute Ideen habe ich nur bei Tagträumen gehabt, aber das moderne Leben scheint es darauf anzulegen, den Menschen das Tagträumen auszutreiben«, fügt Paul MacCready hinzu. »Jede Sekunde des Tages wird unser Bewußtsein von anderen besetzt und bestimmt. In der Schule, am Arbeitsplatz, beim Fernsehen – immer diktiert uns jemand anders die Gedanken. Sich von all dem freizumachen, ist enorm wichtig. Sie müssen sich im Stuhl zurücklehnen oder ins Auto steigen, ohne das Radio einzuschalten – und sich einfach den Tagträumen überlassen.«

Wayne Silby, Gründer der Calvert Group, eines der ersten und größten Investmentfonds mit sozialer Verantwortung, hatte eine etwas gezieltere Methode, um sich die Kräfte des Unbewußten nutzbar zu machen. Eine bevorstehende Änderung der Bankgesetze drohte, dem wichtigsten Investmentinstrument des Fonds jeden Reiz zu nehmen. Während Fonds wie die Calvert Group bisher in der Lage gewesen waren, für Anlagekonten günstigere Zinsen anzubieten als Banken, waren diese plötzlich fähig, ebenso attraktive Angebote zu unterbreiten. Der wichtigste Wettbewerbsvorteil der Calvert Group – und ähnlicher Investmentfonds – schien damit hinfällig zu sein.

»Alle wirklich guten Ideen, die ich gehabt habe, sind mir beim Melken eingefallen.«

Grant Wood
Maler

Daher begab sich Silby in eine sensorische Deprivationskammer – die alle akustischen, visuellen und sonstigen Reize ausblendet –, um sich in das Problem zu vertiefen. »Sie brauchen einen Ort, wo Schluß ist mit dem mentalen Geschwätz und den Lautsprechern in Ihrem Kopf, die Ihnen ständig erzählen, wer Sie sind und was Sie zu tun haben. Dann können Sie mit einem tieferen Anteil Ihres Selbst Verbindung aufnehmen, der Ihnen aufschlußreichere Zusammenhänge offenbart.« In der Deprivationskammer fand Silby dann auch eine Lösung: ein neues Finanzinstrument, das der Calvert Group ermöglichte, mit den Banken zu kooperieren, statt mit ihnen zu konkurrieren. Kurz gesagt, Calvert konnte das Geld seiner Investoren dank dem neuen Instrument in mehreren Banken mit den günstigsten Zinssätzen anlegen. Die Kunden erhielten die höchsten Renditen für ihre Anlagen, während Calvert von den Banken Extraprovisionen bekam. Das Ergebnis: Die Gewinne betrugen fast eine Milliarde Dollar.

Eingebung

Wenn Sie Glück haben, führen Vertiefung und Tagträumen zur Eingebung, dem Augenblick, da sich die Antwort aus dem Nichts einzustellen scheint. Das ist die Phase, der im allgemeinen aller Ruhm und alle Aufmerksamkeit zuteil werden, der wir entgegenfiebern und in der sich das Gefühl einstellt: »Das ist es!«

Doch der Gedanke allein – und mag er noch so brillant sein – ist noch nicht der kreative Akt. In der abschließenden Phase der Umsetzung müssen Sie Ihre Erkenntnis ins Handeln überführen. Erst wenn Sie Ihre Idee in die Wirklichkeit transponieren, machen Sie aus Ihrem brillanten Einfall mehr als nur einen flüchtigen Gedanken – Sie machen daraus etwas Nützliches für sich und andere.

Jedes Phasenmodell des kreativen Prozesses liefert nur die grobe Beschreibung eines Vorgangs, der höchst unterschiedlich verlaufen kann. Ein Schriftsteller oder Maler hat vielleicht eine ganze Kette von Eingebungen, die ihn durch sein ganzes Werk führen, vom Anfang bis zum Ende. Dagegen kann ein Erfinder den größten Teil seiner Zeit mit Vorbereitung und Ausführung zubringen – neunundneunzig Prozent des Genies seien Transpiration und nicht Inspiration, hat Edison gesagt.

Im Laufe einer komplexen kreativen Arbeit, etwa beim Schreiben eines Theaterstücks oder dem Entwurf eines Gebäudes, gliedert sich der schöpferische Akt in eine lange Reihe von kreativen Akten – jeder mit seiner eigenen Vorbereitung, Frustration, Inkubation, Eingebung und Umsetzung ins Handeln.

Nachrichten aus der kreativen Vergangenheit

Wieder hat der Geist der Kreativität zugeschlagen, diesmal an einem kühlen Abend des Jahres 1865. Vor wenigen Tagen hat der Chemiker Friedrich Kekulé die schwer zugängliche Struktur des Benzolmoleküls entdeckt, ein großer Forschungserfolg in der organischen Chemie. Kekulé schreibt seine Entdeckung – und wir haben keinen Grund, an seinen Worten zu zweifeln – einem Tagtraum zu.

Der namhafte Chemiker berichtet, er habe sich nach einem langen Tag angestrengten Nachdenkens vor einem Kaminfeuer entspannt und geistesabwesend die kreisförmigen Flugbewegungen der Glutasche verfolgt. Dabei sei er in einen träumerischen Dämmerzustand verfallen, in dem es ihm vorgekommen sei, als führten die Funken schlangenartige Tänze auf. Pötzlich hätten sie einen wirbelnden Kreis gebildet, als beiße sich eine Schlange selbst in den Schwanz. Unvermittelt sei er aufgewacht, sagt Kekulé, und habe eine genaue Vorstellung von der Struktur des Benzolmoleküls gehabt: ein Ring!

Kekulés Problemlösungsrezept: Man denke angestrengt nach, entspanne sich dann und überlasse sich seinen Tagträumen.

Große Entwürfe und enge Schränke

Unser Leben kann voller kreativer Augenblicke sein, egal was wir tun, solange wir flexibel sind und offen für neue Möglichkeiten bleiben – bereit, die Grenzen der Routine zu überschreiten. Kreativität hat viele Gesichter:

- bahnbrechende Ideen wie Schuldenerlasse für Umweltprojekte, die tropische Regenwaldgebiete retten und gleichzeitig verarmten Ländern helfen, oder Ideen wie die Relativitätstheorie oder das Konzept der Gentechnik;
- phantasievolles humanitäres Handeln:»Essen auf Rädern«, Aids-Hilfe, SOS-Kinderdörfer;
- große Entwürfe, die für andere Menschen Hoffnung und Wahrheit bedeuten: die Bill of Rights (das englische Staatsgrundgesetz), Präsident Lincolns Rede in Gettysburg, Martin Luther Kings »Ich habe einen Traum«;
- gute Einfälle, die Lösungen bringen, wenn scheinbar nichts mehr geht: wie Sie in Ihrem Schlafzimmer einen Meter zusätzlichen Schrankraum gewinnen oder die Zeit für die tägliche Gymnastik erübrigen können, ohne etwas von den Dingen aufzugeben, die Sie tun müssen – oder möchten.

Ob groß oder klein – alle diese Beispiele bringen das Wesen des kreativen Aktes zum Ausdruck: Sie bringen etwas Neues und Sinnvolles in die Welt. Eine Neuerung unterscheidet sich von dem, was vorher getan wurde – aber das reicht noch nicht: Sie darf nicht einfach bizarr oder exzentrisch sein. Sie muß auch ›funktionieren‹. Um kreativ zu sein, muß sie sich in irgendeiner Weise als richtig, nützlich, wertvoll oder sinnvoll erweisen.

Im Alltag äußert sich Kreativität häufig in dem Versuch, neue Lösungen für alte Probleme zu finden. Dazu meint die

Psychologin Teresa Amabile von der Brandeis University in Waltham, Massachusetts, deren Spezialgebiet die Kreativität ist: »Wenn sich eine Vorgesetzte am Arbeitsplatz mit der gespannten Beziehung zwischen zwei Arbeiterinnen auseinandersetzen muß, so kann sie durch die Art, wie sie die Situation meistert, Kreativität beweisen. Sie kann die beiden Streithähne dazu bringen, die Situation aus einer neuen Perspektive zu erörtern, eine dritte Person veranlassen, mit den beiden zusammenzuarbeiten, oder eine Möglichkeit finden, die beiden physisch zu trennen. Es handelt sich zwar nicht um die Art von Kreativität, mit der man einen Nobelpreis gewinnen kann, aber sie schafft Lösungen, die neu sind und funktionieren.«

Kreativität hat mit Führung zu tun

Doch auch neu und nützlich ist noch nicht genug: Eine wichtige Dimension der Kreativität – besonders was Bemühungen anbelangt, die andere Menschen beeinflussen oder ihre Urheber berühmt machen – ist die Zielgruppe. Der kreative Akt hat also eine wesentliche soziale Dimension.

»Kreativ sein heißt, daß man etwas tut, was zunächst einmal ungewöhnlich ist«, sagt der Entwicklungspsychologe Howard Gardner von der Harvard University. »Aber es ist auch bei aller Ungewöhnlichkeit so sinnvoll, daß andere es ernst nehmen. Zum Beispiel könnte ich einen Kopfstand machen und dabei sprechen. Das wäre zweifellos ungewöhnlich, aber solange andere und ich keinen Vorteil darin sehen, könnte man mich deswegen nicht als kreativ bezeichnen.

Aber wenn ich erklären würde, ich hätte eine Möglichkeit gefunden, in der gleichen Zeit doppelt soviel Information zu übermitteln, und das in einer Weise, die Ihnen mehr Vergnügen bereitet, dann wäre das kreativ. Und selbst wenn die Methode ungewöhnlich wäre, würde sie sich durchsetzen, weil sie effektiv wäre.«

Mit anderen Worten, wie eine kreative Handlung aufgenommen wird, spielt gleichfalls eine Rolle. Dagegen läßt sich einwenden, daß Kreativität großenteils anonym und privat stattfindet, aus reinem Vergnügen, weil es dem Menschen Spaß macht, seine Fähigkeiten auf praktische oder ästhetisch ansprechende Weise zu verwirklichen. Ein Blumenstrauß im Wohnzimmer, ein Gedicht im Tagebuch, ein sinnreich konstruiertes Modellboot – all das kann Ausdruck von Kreativität sein und trotzdem nie einen Adressaten außer dem Urheber finden.

Doch für jeden kreativen Akt, der größere Wirkung erzielen soll, muß es eine angemessene Zielgruppe geben. In der Hochenergiephysik besteht diese Zielgruppe aus einigen Dutzend Fachkollegen, in der Malerei vielleicht aus einem informellen Netz von Galeriebesitzern, Kritikern und Kunstliebhabern. Bei der Beurteilung von Kreativität schlagen die Meinungen dieser Zielgruppen weit stärker zu Buche als die Auffassungen von Millionen anderer Menschen ohne Fachwissen auf den entsprechenden Gebieten. Natürlich haben die Kritiker deshalb nicht das letzte Wort in Sachen Kreativität. Beispielsweise waren es vielfach ›maßgebliche‹ Kritiker, die die größten Maler ihrer Zeit verrissen – unter anderem Monet und van Gogh.

Tatsächlich sahen sich viele sehr kreative Menschen, die jahrelang nur für ihre

Ein Programm zur Förderung Ihrer Kreativität

In einem seiner Theaterstücke berichtet der französische Komödiendichter Molière von einem Bauern, der fragt, was Prosa sei, und zu seinem Erstaunen vernimmt, daß er sie schon sein Leben lang spricht. Das gleiche gilt von der Kreativität, von der die Hälfte der Menschheit glaubt, es handle sich um eine geheimnisvolle Eigenschaft, die die andere Hälfte besitze. Dabei lassen viele Untersuchungen darauf schließen, daß jeder Mensch in der Lage ist, seine Kreativität nutzbar zu machen. Dieser Abschnitt, der sich durch das ganze Buch hindurchzieht, präsentiert Ihnen ein einfaches Programm, dem Sie nach Belieben und so oft oder so selten, wie Sie wollen, folgen können, um mehr Kreativität in Ihrem Tun zu entwickeln. Damit meinen wir nicht nur, daß Ihre Einfälle besser werden. Vielmehr geht es um eine allgemeine Bewußtseinsveränderung, die dafür sorgt, daß Sie mehr Freude an Ihrer Arbeit und den Menschen in Ihrem Leben finden: eine Einstellung, die die Zusammenarbeit und Kommunikation mit anderen Menschen verbessern kann. Die nachfolgenden Übungen und Anleitungen beruhen auf einem einfachen Prinzip: Ihre Kreativität nimmt in dem Maße zu, wie Sie sich Ihrer kreativen Akte bewußt werden. Je deutlicher Sie Ihre schöpferischen Kräfte wahrnehmen, desto größer wird Ihr Selbstvertrauen und desto höher die Wahrscheinlichkeit, daß Sie auch in Zukunft kreativ sein werden. Die folgenden Übungen sind in Kreativitätsseminaren an der Stanford University entwickelt worden. In den letzten dreizehn Jahren haben Menschen aus allen Lebensbereichen und aus allen Teilen der Welt an ihnen teilgenommen. Dabei haben wir eines gelernt: Kreativität ist nicht einfach ein intellektuelles Spiel. Entscheidend für die Freisetzung von Kreativität ist das Wechselspiel zwischen Denken und Fühlen, Körper und Geist. Spannungen, die den freien Ideenstrom im Geist be-

Arbeit gelebt haben, den Anfeindungen von Neinsagern ausgesetzt. Kaum einer der großen Männer und Frauen, deren kreative Energie ihre Tätigkeitsfelder verändert hat, fand sofortige Anerkennung. Die meisten wurden angegriffen, wußten aber trotzdem, daß sie auf dem richtigen Weg waren.

Kreatives Handeln kann sich auf seinem Gebiet nur durchsetzen, wenn es andere überzeugt. Laut Dean Simonton macht diese soziale Dimension deutlich, daß Kreativität und Führerschaft miteinander verwandt sind: »Wer sich auf Menschenführung versteht, kann Menschen dazu bringen, ihre Ideen oder ihr Verhalten zu verändern. Ein kreativer Mensch bringt uns dazu, die Welt mit anderen Augen zu sehen.«

Und Simonton fährt fort: »Bei Kreativität in der Kunst, etwa in der Dichtung oder Malerei, mag es ein neues Empfinden für die Welt sein, in den Wissenschaften eher ein neues Verständnis der Welt. Aber auf jeden Fall ist Kreativität nicht auf das Individuum beschränkt, sondern muß auf andere übergreifen. Kreativität ist ein soziales Ereignis, kein psychologisches. Sie läßt sich nicht in der Schublade verschließen, sondern findet in der Interaktion mit anderen statt.«

Kreativ sein in X

In der Regel ist das soziale Umfeld, in dem sich Kreativität entfaltet, unser Spezialgebiet. Dazu Howard Gardner:»Ein Mensch ist nicht kreativ im allgemeinen. Man kann nicht sagen, jemand ist ›kreativ‹, sondern es muß heißen, er ist kreativ in X – egal, ob als Schriftsteller, Lehrer, Läufer oder Organisator. Menschen sind kreativ auf irgendeinem Gebiet.« Kreativität ist keine Allround-Fähigkeit, die sich für jede Beschäftigung nutzen läßt. Gardner sagt:»Kreativität ist nicht eine Art Flüssigkeit, die sich in alle Richtungen verströmen kann. Das intellektuelle Leben ist in verschiedene Bereiche unterteilt, die ich ›Intelligenzen‹ nenne – zum Beispiel Mathematik, Sprache oder Musik. Jemand kann ausgesprochen originell und phantasievoll, ja, ein radikaler Neuerer auf einem dieser Gebiete sein, ohne sich auf anderen als besonders kreativ zu erweisen.«

hindern, entsprechen den Spannungen, die den freien Blutstrom in den Muskeln behindern. Wir haben festgestellt, daß einfache körperliche Entspannung – Loslassen – den Geist für neue Ideen öffnet. Daher haben viele Übungen dieses Programms das Ziel, das Denken von Geist und Körper als dem ganzheitlichen Sitz unserer Kreativität zu fördern.

Diese Übungen trainieren die auf Seite 35 beschriebenen ›kreativen Denkfertigkeiten‹. Sie sind eine notwendige Ergänzung der Fertigkeiten, die Sie auf Ihrem Spezialgebiet oder in Ihrem Beruf brauchen. Auf der nächsten Seite können Sie mit dem Programm beginnen.

Weiter auf Seite 30

Für Gardner ist der kreative Mensch deshalb »jemand, der regelmäßig mit Problemlösungen aufwartet oder neue Lösungen entwickelt, die auf einem bestimmten Gebiet sehr geschätzt werden«. Damit definiert Gardner Kreativität anders als die meisten psychologischen Lehrbücher. Dort wird Kreativität als eine eher globale Begabung beschrieben, die sich nach landläufiger Vorstellung durch ein paar simple Tests ermitteln läßt.

Dieser traditionelle Kreativitätsbegriff sei, so Gardner, »völlig sinnlos. Ich glaube, man muß jemanden eine Zeitlang bei der Arbeit auf einem bestimmten Gebiet beobachten. Das kann Schachspielen, Klavierspielen oder Architektur sein – auch der

Das Heureka-Erlebnis noch einmal durchleben

Beginnen wir nun mit einer Grundübung. Wir nennen sie die Übung ›Zündende Idee‹. Bei dieser und den anderen Übungen empfiehlt es sich vielleicht, die Anweisungen aufzuzeichnen, um sie abspielen zu können, oder einen Freund zu bitten, Sie Ihnen vorzulesen. Immer wenn es um Anweisungen geht, die entweder vorgelesen oder auf Band aufgezeichnet werden sollten, werden Sie das folgende Symbol sehen: ☞*
Ferner halten wir es für sinnvoll, daß Sie ein Tagebuch führen, in dem Sie diesen Prozeß analysieren und reflektieren. Falls Sie kein Extraheft anlegen wollen, machen Sie sich Notizen in Ihrem Kalender oder Terminplaner. Wenn Sie Ihre Erfahrungen schriftlich festhalten, wächst die Wahrscheinlichkeit, daß Sie sie wieder wachrufen können. Versuchen Sie, verstärkt auf Ihre Kreativität zu achten, dann wird sie allmählich zu

Versuch, ein Unternehmen zu gründen oder eine Besprechung zu leiten. Man muß sehen, wie er sich verhält, wenn Probleme auftreten, und was für Lösungen er entwickelt. Dann können wir darüber urteilen, ob er kreativ ist oder nicht.

Kreativ ist jemand, der so etwas regelmäßig leistet. Die Eintagsfliege, das Einmal-und-nie-Wieder zählt nicht. Kreativität ist eine Daseinsform. Menschen, die kreativ sind, denken ständig über das Gebiet nach, auf dem sie arbeiten. Ununterbrochen tüfteln sie. Pausenlos fragen sie sich: ›Ist das hier sinnvoll oder nicht?‹ Und wenn es keinen Sinn hat: ›Kann ich das ändern?‹«

Großes K und kleines k

Mit Kreativität haben wir es zu tun, wenn bestimmte Schlüsselelemente zusammenkommen: Neuheit, Angemessenheit und Anerkennung durch die Zielgruppe des entsprechenden Gebietes.

Das letzte Element, die Zielgruppe, betrifft vor allem die Kreativität mit ›großem K‹, die ruhmreichen Genietaten. Daher halten sich die meisten Menschen nicht für besonders kreativ: Sie haben keine Zielgruppe für das, was sie tun. Leider messen wir der Kreativität mit großen K viel zuviel Bedeutung bei und übersehen dabei, welche Möglichkeiten wir haben, unserer Begabung und Phantasie mehr Raum zu geben.

»Wir sind in unseren Vorstellungen über Kreativität viel zu festgelegt«, meint Teresa Amabile. »Wir halten Kreativität für eine ganz seltene Gabe: Malern, Musikern, Dichtern und Filmemachern billigen wir Kreativität zu. Aber auch der Koch beweist Kreativität, wenn er eine eigene Variante zu einem bekannten Rezept entwickelt. Ein Maurer ist kreativ, wenn er die Ziegelsteine auf neue Weise fügt oder wenn es ihm gelingt, eine Mauer mit weniger Steinen zu errichten.«

Trotzdem stammt unser Wissen zu diesem Thema vorwiegend aus der Beobachtung der kreativen Ausnahmeerscheinungen. Howard Gardner hat sich mit genialen Menschen beschäftigt, die zu Anfang unseres Jahrhunderts gewirkt haben, und meint dazu:

»An Albert Einstein, Sigmund Freud, Virginia Woolf oder Martha Graham fällt auf, daß sie nicht nur etwas Neues geleistet haben, sondern auch, daß sie das Gebiet, auf dem sie gearbeitet haben, nachhaltig verändert haben. Doch ohne eine anfängliche Neugier und Leidenschaft, die alle diese Menschen von frühester Kindheit an gezeigt haben, und ohne die Jahre hingebungsvollen Fleißes, in denen sie sich alles aneigneten, was andere vor ihnen auf dem Gebiet des Tanzes, der Literatur, der Physik oder

einer nützlichen Gewohnheit.

☞ Setzen Sie sich bequem auf einen Stuhl, den Rükken gerade, aber nicht verspannt, die Füße flach auf dem Boden und die Hände im Schoß. Schließen Sie die Augen und atmen Sie tief ein. Tun Sie es auf folgende Weise: Ziehen Sie die Luft bis in Ihren Bauch hinein, so daß Sie merken, wie der Atem in Ihre Lunge strömt, wobei sich zuerst Bauch und Brustkorb weiten, dann die ganze Brust. Sie spüren, daß die Luft Sie bis zu den Schultern füllt. Halten Sie die Luft einen Augenblick an und beginnen Sie dann auszuatmen. Fangen Sie mit dem Magen an und fahren Sie fort bis zu den Schultern. Wiederholen Sie den Vorgang zweimal, wobei Sie die Luft zwischen Einatmen und Ausatmen jedesmal ein bißchen länger anhalten. Tiefatmung können Sie jederzeit praktizieren, wenn Sie unter Streß stehen und sich beruhigen möchten, um Ihre Kreativität besser zu entfalten. Kehren Sie jetzt zur normalen Atmung zurück. Sie werden bemerken, daß auch bei ihr eine kurze Pause zwischen den Atemzügen liegt. Nachdem Sie eingeatmet haben, erfolgt eine kleine Pause, bevor Sie mit dem Ausatmen beginnen. Eine weitere Pause findet statt, bevor Sie mit dem Einatmen beginnen. Achten Sie auch weiterhin auf diese Pausen zwischen den Atemzügen. Um Ihr Bewußtsein zu schärfen, sollten Sie versuchen, während der kurzen Intervalle zwischen den Atemzügen leise zu zählen: »Eins, zwei, drei...« Fahren Sie damit noch einige Minuten fort und machen Sie sich klar, daß Sie das immer dann tun können, wenn Sie es für nötig halten, sich zu beruhigen.

Rufen Sie sich jetzt in die offene Fläche Ihres ruhigen Bewußtseins die Erinnerung an eine zündende Idee, die ein Problem gelöst oder Sie aus einer schwierigen Situation befreit hat. Es kann der Moment sein, wo es Ihnen gelang, einen heftigen Streit zwischen Freunden zu schlichten oder wo Ihnen einfiel, wie Sie die kostbaren Antiquitäten im Wohnzimmer gegen neugierige Kinderhände sichern konnten. Halten Sie Ihre Augen weiterhin geschlossen. Außer Ihnen braucht nie-

der Politik geleistet hatten, wären ihnen die kreativen Neuerungen nie gelungen, mit denen sie ihre Gebiete von Grund auf veränderten.«

Nach Gardners Auffassung trifft das, was für die Vertreter des großen K gilt, auch auf alle anderen Menschen zu. Alle haben wir eine Neigung für ein bestimmtes Gebiet. »Jeder Mensch hat bestimmte Bereiche, für die er ein besonderes Interesse hegt«, sagt Gardner. »Das kann mit seinem Beruf zu tun haben – wie er sich in seinen Aktennotizen oder seinen handwerklichen Fähigkeiten ausdrückt, vielleicht auch in der Art, wie er unterrichtet, oder in seinem Verkaufsgeschick. Nach einiger Zeit bringen sie es in ihrem Beruf zu einer gewissen Vollkommenheit – sie können sich mit den Besten aus ihrem unmittelbaren Umfeld messen. Damit geben sich viele Menschen zufrieden, aber dieses Niveau beruflicher Leistung würde ich noch nicht als *kreativ* bezeichnen.«

Anderen genügt es nicht, auf einem Gebiet einfach gut zu sein – sie haben das Bedürfnis, kreativ zu sein. »Routine befriedigt sie nicht«, erläutert Gardner. »Daher stellen sie sich ständig kleine Aufgaben – etwa daß sie ein Gericht anders zubereiten, als es bisher getan wurde. Oder sie beschließen, ihren Garten in diesem Jahr auf neue Art zu bepflanzen. Wenn sie Lehrer sind, sagen sie sich vielleicht: ›Ich habe es satt, die

Zeugnisse jedes Jahr auf die gleiche Art zu schreiben. Dieses Jahr kriegen meine Schüler sie früher, damit ich ihre Stellungnahmen berücksichtigen kann.‹ Nichts davon wird ihren Namen in Lexika verewigen. Sie werden wohl kaum dauerhafte Veränderungen auf dem Gebiet der Gärtnerei, des Kochens oder des Unterrichts bewirken. Aber sie haben Routine und Konvention hinter sich gelassen und aus ihrer Arbeit ein Vergnügen gezogen, das durchaus mit dem der kreativen Menschen aus der Groß-K-Kategorie zu vergleichen ist.«

Kreativität und Eintopf

Der Alltag ist ein wichtiger Schauplatz von Innovation und Problemlösung – das größte, aber auch verkannteste Anwendungfeld für den Geist der Kreativität. Wie Freud sagte, sind die beiden Merkmale eines gesunden Lebens die Fähigkeit, zu lieben und arbeiten. In beiden Fällen ist Phantasie erforderlich.

»Kreativ sein ist wie Eintopf kochen«, sagt Teresa Amabile. »Gleich einem guten Eintopf hat die Kreativität drei entscheidende Zutaten.«

Eine wesentliche Zutat, wie das Gemüse oder das Fleisch im Eintopf, ist das Fachwissen – das Handwerk. Das Handwerk ist die Summe jener Fertigkeiten, dank deren wir ein Gebiet beherrschen.

mand diese Idee für besonders wichtig zu halten, aber für Sie sollte sie schon bedeutsam sein. Es spielt keine Rolle, ob sie Jahre oder nur Stunden zurückliegt. Erforderlich ist lediglich, daß Sie wirklich der Meinung sind, Sie hätten eine zündende Idee gehabt.

Durchleben Sie im Geiste noch einmal den ganzen Zeitraum, in dessen Verlauf Sie den Einfall hatten. Beginnen Sie mit den Momenten, bevor Ihnen die Idee kam – als Sie vor dem Problem standen, aber keine Lösung wußten. Wie war das? Was hatten Sie für ein Gefühl?

Lassen Sie nun lebendig werden, was genau zu dem Zeitpunkt geschah, als Ihnen die Idee kam – während des Heureka-Erlebnisses. Unter welchen Bedingungen hat der Gedankenblitz eingeschlagen? Nehmen Sie sich etwas Zeit, um sich diesen Augenblick genau zu vergegenwärtigen.

Rufen Sie sich dann ins Gedächtnis, wie Sie Ihre Idee in die Tat umgesetzt haben und wie sie zur Lösung des Problems beigetragen hat. Behalten Sie Ihre Sitzhaltung bei und suchen Sie in Ihrem Gedächtnis nach anderen Ideen und Problemlösungen, die Ihnen irgendwann einmal eingefallen sind. Sie müssen Ihnen damals gar nicht besonders kreativ erschienen sein. Statten Sie sie nun mit dem Prädikat aus, das sie wirklich verdienen: innovativ und hilfreich.

Wenn Sie fertig sind, öffnen Sie die Augen. ☞

Unter Umständen ist es ratsam, daß Sie sich jeden Tag etwas Zeit für diese Übung nehmen. Sie sollen sich dadurch angewöhnen, Ihrer eigenen Kreativität größere Aufmerksamkeit zu schenken. Am Ende werden Sie mehr Vertrauen zu Ihrer Kreativität haben und sich instinktiv an sie halten, wenn Sie mit Problemen konfrontiert sind.

Sie können sich auch gern mit einem Menschen, der Ihnen nahesteht und zu dem Sie Vertrauen haben, über Ihre kreativen Augenblicke unterhalten. In solchen Gesprächen können Sie von einer erstaunlichen Begeisterung gepackt werden. Wahrscheinlich hat es damit zu tun, daß Sie über Augenblicke sprechen, die so emotional besetzt und intensiv sind wie kaum irgendwelche anderen Momente in Ihrem Leben.

Weiter auf Seite 57

Wer über das Handwerk verfügt, weiß, wie man Noten setzt, wie man das Grafikprogramm eines Computers benutzt oder wie man wissenschaftliche Experimente durchführt.

»Niemand wird Kreatives in der Kernphysik leisten«, meint Amabile, »wenn er nicht etwas – wahrscheinlich eine ganze Menge – über Kernphysik weiß. Ebensowenig wird ein Maler kreativ sein, bevor er über die technischen Fertigkeiten der Radierung oder Ölmalerei verfügt. Am Anfang der Kreativität steht das Handwerk – das Fachwissen.«

Viele Menschen haben irgendeine Begabung. »Talent ist die natürliche Anlage, Großes auf einem bestimmten Gebiet zu leisten«, erläutert Amabile. »Beispielsweise ist es höchst unwahrscheinlich, daß jedes Kind – selbst wenn wir die musikalische Ausbildung voraussetzen, die Mozart erhalten hat – am Ende Mozarts Werke hervorgebracht hätte. Von Anfang an muß Mozart etwas gehabt haben, was ihm erleichterte, Musik zu hören, sie zu verstehen und sie in solcher Fülle, so vollkommen und in so frühen Jahren hervorzubringen.«

Doch ohne eine angemessene handwerkliche Ausbildung wird auch das vielversprechendste Talent scheitern. Und bei ausreichender Schulung der technischen Fertigkeiten kann selbst eine mittelmäßige Begabung ein beträchtliches Maß an Kreativität zeigen.

Die zweite Eintopfzutat nennt Amabile »kreative Denkfertigkeiten«: Verfahren zur gedanklichen Aneignung der Welt, mit deren Hilfe wir neue Möglichkeiten entdecken und systematisch in die Tat umsetzen können. »Sie sind wie die Gewürze und Kräuter, mit denen man den Geschmack der Grundzutaten eines Eintopfs erst richtig zur Geltung bringt«, sagt Amabile. »Sie sind für den besonderen Geschmack verantwortlich, sorgen dafür, daß sich die Grundzutaten vermischen, und lassen etwas anderes entstehen.«

Zu den kreativen Denkfertigkeiten gehört die Fähigkeit, eine größere Zahl von Möglichkeiten durchzuspielen, sich lange auf ein Problem zu konzentrieren und hohe Ansprüche an die eigene Arbeit zu stellen. »Außerdem muß man in der Lage sein«, fährt Amabile fort, »die Dinge aus einer ganz neuen Perspektive zu betrachten, zum Beispiel das Ungewohnte als das Übliche und das Übliche als das Ungewohnte zu sehen. Viele dieser Fertigkeiten haben mit Unabhängigkeit zu tun: der Bereitschaft, Risiken einzugehen, und dem Mut, etwas zu versuchen, was man noch nie getan hat.«

Ein anderer Aspekt dieser Fertigkeiten ist das Gespür für das, was dem kreativen Prozeß zuträglich ist – zu wissen, wann es angebracht ist, ein Problem sich selbst, der ›Inkubation‹, zu überlassen. Wenn jemand nur über die technischen Fertigkeiten seines Gebietes verfügt – die erste Zutat –, nicht aber über die kreativen Denkfertigkeiten, dann wird der Eintopf fade und langweilig bleiben.

Das Element schließlich, das für die Vollendung des kreativen Eintopfs sorgt, ist die Leidenschaft. Der psychologische Fachausdruck lautet *intrinsische Motivation*, das Verlangen, etwas um des reinen Vergnügens willen zu tun, und nicht, um dafür Geld oder andere Belohnungen zu bekommen. Die gegenteilige Form der Motivation – die extrinsische – veranlaßt uns, etwas zu tun, nicht weil wir es wollen, sondern weil wir es sollen. Um eine Belohnung zu bekommen, um jemandem zu gefallen, um bei einer Bewertung gut abzuschneiden.

Der unverwechselbare Geschmack des Kreativitätseintopfes entsteht, wenn Menschen durch das reine Vergnügen an dem, was sie tun, motiviert sind. Amabile berichtet, man habe einen Nobelpreisträger gefragt, was denn den kreativen vom nichtkreativen Wissenschaftler unterscheide. Daß er seine Arbeit »gern« tue, antwortete der Nobelpreisträger.

Am erfolgreichsten und einflußreichsten sind nicht immer die begabtesten Wissenschaftler, sondern oft diejenigen, deren Neugier am größten ist. Bis zu einem gewissen Grade kann Leidenschaft den Mangel an ursprünglicher Begabung wettmachen. Leidenschaft »ist das Feuer unter dem Suppentopf«, sagt Amabile. »Sie heizt alles auf, vermischt die Aromen und läßt aus Gewürzen und Grundzutaten ein köstliches Gericht entstehen.«

Neigung und Ausdauer

Kreativität beginnt mit der Neigung zu einer Sache. Als würden wir uns verlieben. »Anfangs ist entscheidend, daß man zu einer Sache eine emotionale Bindung hat«, sagt Howard Gardner.

Albert Einstein entdeckte sein physikalisches Interesse mit fünf Jahren, als er krank im Bett lag. Sein Vater brachte ihm ein Geschenk mit – einen kleinen Magnetkompaß. Stundenlang starrte der kleine Einstein fasziniert auf die Nadel, die unfehlbar nach Norden zeigte. Fast siebzigjährig erklärte der große Physiker: »Diese Erfahrung machte einen unauslöschlichen Eindruck auf mich. Hinter den Dingen gab es etwas tief Verborgenes.«

Gardner glaubt, daß solche Kindheitserlebnisse ein Schlüssel zum Verständnis kreativer Biographien sind: »Ohne diese frühe Liebe und emotionale Bindung dürften die Aussichten auf spätere kreative Leistungen minimal sein. Doch die frühe Faszination allein genügt noch nicht. Dadurch werden wir nur veranlaßt, den Gegenstand, der unser Interesse geweckt hat, näher kennenzulernen und uns mit seinen Verzweigungen, seinen Schwierigkeiten, seinen Vorzügen und seinen blinden Flecken vertraut zu machen.«

Aus dieser anfänglichen Liebe zu einer bestimmten Tätigkeit erwächst Ausdauer. Menschen, die sich einer Beschäftigung mit Leidenschaft widmen, geben nicht so rasch auf. Ungeachtet aller Frustrationen halten sie durch. Auch Ablehnung kann sie nicht verunsichern. Thomas Edison sagt:»Genie ist Ausdauer!«

Helen Keller, die taub und blind war, hatte keinen Kontakt zur Welt und den Menschen, bis sie Anne Sullivan traf. Deren Kreativität lag in ihrer Leidenschaft und ihrer Weigerung aufzugeben. Beharrlich verfolgte sie ihr Ziel: einen Kontakt zu Helen herzustellen.

Jahre später erinnerte sich Helen Keller an den ersten Augenblick, da diese Ausdauer, Liebe und Leidenschaft Früchte trugen:

»Meine Lehrerin Anne Mansfield Sullivan arbeitete schon fast einen Monat mit mir und brachte mir die Namen zahlreicher Gegenstände bei. Sie drückte sie mir in die Hand, buchstabierte ihre Namen mit den Fingern und half mir, die Buchstaben zu bilden.

Aber ich hatte nicht die geringste Ahnung, was sie tat. Ich weiß nicht mehr, was ich mir dabei dachte. Geblieben ist mir nur noch die taktile Erinnerung an meine Finger, die alle diese Bewegungen ausführten und eine Position nach der anderen einnahmen.

Eines Tages reichte sie mir eine Tasse und buchstabierte das Wort. Dann goß sie eine Flüssigkeit in die Tasse und buchstabierte das Wort W-A-S-S-E-R.

Sie sagt, ich hätte verwirrt ausgesehen. Ich verwechselte die beiden Wörter – für Wasser buchstabierte ich Tasse und für Tasse Wasser.

Schließlich wurde ich wütend, weil Miss Sullivan die Wörter

immer aufs neue wiederholte. Verzweifelt führte sie mich in das elfenbeinverzierte Pumpenhaus und ließ mich die Tasse unter das Rohr halten, während sie pumpte. Nachdrücklich buchstabierte sie mit der anderen Hand W-A-S-S-E-R. Ich stand still und konzentrierte mich mit allen Sinnen auf die Bewegungen ihrer Finger. Während das kühle Naß über meine Finger strömte, regte sich plötzlich etwas in meinem Bewußtsein, eine verschwommene Ahnung, eine blasse Erinnerung.
Es war, als wäre ich nach dem Tode wieder zum Leben erwacht.«

Kreativität ist an kein Alter gebunden

Die Voraussetzungen für Kreativität sind immer vorhanden. Im Fortgang des Lebens muß die Kreativität nicht nachlassen. »Gemälde werden mit dem Alter manchmal durchsichtig«, schrieb Lillian Hellman. »Dann kann man in manchen Bildern die ursprünglichen Linien entdecken. Hinter dem Kleid einer Frau wird ein Baum sichtbar. Anstelle eines Kindes erscheint ein Hund. Und ein großes Boot befindet sich nicht mehr auf dem Meer. Pentimento heißt das in der Malerei, weil der Maler den ursprünglichen Entwurf ›bereut‹ und abgeändert hat. Man könnte auch sagen, der alte Entwurf wurde durch eine spätere Entscheidung ersetzt. Erst haben wir es mit der einen Sehweise zu tun und dann mit einer anderen.«

Spät erst hat Bill Fitzpatrick seine Kreativität wiederentdeckt. Er ist der lebende Beweis dafür, daß stets vorhanden ist, womit wir geboren werden – daß wir das Leben erst auf die eine und dann auf die andere Weise sehen können. Im Ruhestand hat er sich wieder der Malerei zugewandt, die er einst als junger Mann betrieben hatte. Heute ist Fitzpatrick über achtzig und hat mit seinen Aquarellen inzwischen viele Preise gewonnen.

»Ich kenne viel zu viele Leute, die herumsitzen und auf den

Leichenbestatter warten«, sagt Fitzpatrick. »Ich glaube, Menschen, die aus dem Berufsleben ausscheiden, sollten sich eine Beschäftigung suchen, die ihre Zeit, ihre Kraft und ihre Gedanken in Anspruch nimmt.

Ich bin achtzig, fühl mich aber nicht so alt – eher wie fünfzig, nur ein bißchen steif in den Knochen. Das ist die einzige Art zu leben, sonst vegetiert man bloß.«

Als Kind wollte Fitzpatrick Maler werden. Dann kam die Depression. Wie so viele andere, ergriff er den ersten Beruf, der sich bot. Einundvierzig Jahre lang hat er als Fahrer gearbeitet. Trotzdem ist er der Malerei treu geblieben und hat ungeachtet der langen Arbeitstage immer wieder Zeit für sie erübrigen können. Deshalb hat er sich auch dem Aquarell zugewandt: Es verlangt keine umständlichen Vorbereitungen. Im Ruhestand begann er die Malerei ernsthafter zu betreiben und stellte seine Bilder aus.

»Die Leute sagen: ›Wenn ich nur zeichnen könnte.‹ Ihr könnt es, sage ich. Sobald ihr es wirklich wollt und anfangt, geht alles von allein. Das einzige, was nicht von allein kommt, ist die Kreativität, die du brauchst, um deine Probleme zu lösen.

Kreativität ist sehr wichtig im Leben – die bringt dir Vielfalt. Kreativ bist du, wenn du ganz unterschiedliche Wege ausprobierst. Dabei machst du natürlich 'ne Menge Fehler. Aber wenn du trotz aller Fehler den Mut hast, dabeizubleiben, kriegst du auch die Antwort.

Ich mach ständig weiter und hab keine Zeit, über meine Probleme nachzudenken. Das Ganze macht mir einen Riesenspaß. Wenn du den nicht mehr hast, kannst du gleich einpacken. Entscheidend ist, daß du nicht erwachsen wirst!«

Der Psychologe Erik Erikson hat die Entwicklungsstadien beschrieben, die der Mensch im Laufe seines Lebens durchläuft, und bezeichnet die schönste Ausprägung des letzten Lebensstadiums als »umfassendes Generationsbewußtsein« *(grand generativity)*: tiefe Anteilnahme am Schicksal der jüngeren Generation und der noch ungeborenen Generationen. Das umfassende Generationsbewußtsein ist eine abgeklärte und kreative Form des Engagements für andere, der Parteinahme für das Leben in Sichtweite des Todes.

Obwohl Mary Stoneman Douglas heute hundert Jahre alt und blind ist, setzt sie ihren Kampf zur Rettung der Everglades in Florida fort. Begonnen hat sie diesen Kreuzzug vor fast fünfzig Jahren mit dem Buch *Rivers of Grass*, lange bevor die heutige Umweltbewegung geboren war. Bereits 1947 hat Mrs. Douglas gezeigt, daß die Everglades ein empfindliches Ökosystem sind und schon damals durch die landwirtschaftlichen Bewässerungssysteme und Grundstückserschließungen gefährdet wurden. Immer wieder hat Mrs. Douglas jüngere Menschen über die Gefahren aufgeklärt, die diesen Sumpfgebieten drohen, sie hat den Verein *Friends of the Everglades* ins Leben gerufen und schließt gerade ihr zehntes Buch zum Thema ab. »Grundsätzlich ist nichts gegen ein neunzigjähriges Gehirn einzuwenden«, schrieb sie 1987 in ihrer Autobiographie *Voices of the River*. »Sie müssen es nur ausreichend mit Informationen und Aufgaben füttern, dann läßt es Sie auch nicht im Stich.«

Und Pablo Picasso hat gesagt: »Das Alter spielt nur dann eine Rolle, wenn man wirklich altert. Ich bin jetzt steinalt, fühle mich aber wie zwanzig.« Der Geist der Kreativität muß ganz und gar nicht mit dem Alter nachlassen, sondern kann an Stärke und Kraft gewinnen, wenn sich der ältere Mensch – im Bewußtsein seines nahen Todes – auf die Dinge konzentriert, die wirklich wichtig sind.

Kreatives Leben und kreative Strategien

Zum Teil liegt die Kreativität in unserer Betrachtungsweise. Als der Biologe Alexander Fleming aus dem Urlaub zurückkam und feststellte, daß die Bakterien in einer seiner Petrischalen eingegangen waren, betrachtete er das nicht einfach als verunglücktes Experiment, wie es die meisten Biologen an seiner Stelle getan hätten. Statt dessen erkannte er, daß etwas Wichtiges geschehen sein mußte, wenn es auch keineswegs das war, wonach er gesucht hatte. Bei der Untersuchung dieses ›Unfalls‹ entdeckte er das Penicillin.

Flemings Entdeckung ist ein Beispiel für das, was der Psychologe Robert Sternberg von der Yale University »selektive Kodierung« nennt – die Fähigkeit, aus irrelevanten Daten wichtige Informationen herauszufiltern. Die meisten Informationen, die Menschen zu einem Problem bekommen, sind von geringem oder gar keinem Nutzen, während einige wenige von größter Bedeutung sind. Der Schlüssel zur kreativen Problemlösung besteht darin, das relevante ›Signal‹ im irrelevanten ›Rauschen‹ zu entdecken.

Einen anderen Weg zur kreativen Erkenntnis nennt Sternberg »selektive Kombination« und meint damit die Fähigkeit, die relevanten Informationen richtig zusammenzustellen, nachdem man sie entdeckt hat. Man kann durchaus die richtigen Puzzleteile herausgreifen – wenn man sie nicht richtig zusammenfügt, nutzen sie nichts.

Charles Darwin hat Fakten geordnet, die größtenteils auch anderen Gelehrten seiner Zeit bekannt waren. Seine besondere Leistung bestand darin, diese Daten so zu organisieren und zu deuten, daß sie seine Evolutionstheorie belegten.

Eine weitere wichtige Bedingung von Kreativität ist die Fähigkeit, Vergleiche und Analogien herzustellen. Viele bahnbrechende Entdeckungen verdanken wir dem Umstand, daß ein Wissenschaftler Elemente oder Ideen nebeneinandergestellt hat, die gewöhnlich nicht zusammen vorkommen, oder daß er verborgene Zusammenhänge aufgedeckt hat. Analogien und Vergleiche zeigen die Dinge in einem neuen Kontext oder aus einer völlig ungewohnten Perspektive.

Im antiken Griechenland hat Hieron, der Tyrann von Syrakus, Archimedes aufgefordert, ihm zu sagen, ob seine Krone aus reinem Gold oder gefälscht sei. Zwar wußte Archimedes, was reines Gold wiegt, aber die Krone war von unregelmäßiger Form. Wie ließ sich da das Problem lösen, ohne die Krone einzuschmelzen? Auf die Lösung kam Archimedes in der Badewanne. Als er bemerkte, daß sich das Wasser hob, während er sich hineinsetzte, soll er der Legende zufolge »Heureka!« ausgerufen haben, denn ihm war die Antwort aufgegangen: Er konnte das Volumen der Krone bestimmen, indem er feststellte, wieviel Wasser sie verdrängte. Dieses Volumen mußte er dann mit dem Gewicht von reinem Gold multiplizieren.

»Wer noch nie einen Fehler gemacht hat, hat sich noch nie an etwas Neuem versucht.«

Albert Einstein

»Man muß die Dinge auf den Kopf stellen, die Welt mit anderen Augen betrachten«, sagt Peter Lissaman, einer der Vordenker bei AeroVironments, einem innovativen Technikunternehmen. »Wie bei einem persischen Teppich, auf dem Sie eine hochrote Rose in der einen Ecke und einen dunkelroten Sonnenuntergang in der anderen sehen. Aber erst wenn Sie den Teppich umdrehen, erkennen Sie, daß das vermeintliche Hochrot und das Dunkelrot durch einen diagonal verlaufenden Faden verbunden sind. Anders sehen sie nur aus, weil sie von unterschiedlichen Farben umgeben sind. Auf der Suche nach einer kreativen Lösung hilft es, das Problem umzudrehen und es von der Rückseite zu betrachten. Unter Umständen entdecken Sie dann Zusammenhänge, die vorher verborgen waren.«

Trau dich, naiv zu sein

Die Dinge auf ungewohnte Weise zu sehen, ist von entscheidender Bedeutung für den kreativen Prozeß, und diese Fähigkeit hängt von der Bereitschaft ab, alle Annahmen in Frage zu stellen.

In ganz ungewöhnlichem Maße besitzt Paul MacCready, einer der produktivsten Erfinder Amerikas, diese Fähigkeit. Seine bekannteste Erfindung ist der Gossamer Condor, das erste von Menschenkraft betriebene Flugzeug, das eine Meile zurückgelegt hat. Das brachte MacCready einen Preis von 100 000 Dollar ein und seiner Flugmaschine einen Platz neben dem Spirit of St. Louis und dem Flugzeug der Gebrüder Wright.

»Man muß unbedingt mit einem weißen Stück Papier beginnen – ohne vorgefaßte Meinungen«, sagt MacCready. »Um den Gossamer Condor zu konstruieren, mußte ich so tun, als hätte ich noch nie ein Flugzeug gesehen. Ich mußte für Tragflächen dieser Größe ein möglichst leichtes Gerüst finden, ihm die nötige Stabilität verleihen und ein geeignetes Antriebssystem entwickeln. Dabei konnte ich mich nicht am herkömmlichen Flugzeugbau orientieren, weil sich da ganz andere Probleme stellen. Es empfiehlt sich, an eine solche Aufgabe ganz naiv und unvoreingenommen heranzugehen.

Wenn du zu genaue Vorstellungen darüber hast, was früher nicht geklappt hat und was bestimmt nicht klappen wird, dann probierst du einfach nicht genügend Möglichkeiten aus. Ich hatte Glück: In der Aerodynamik wußte ich zwar gut Bescheid, hatte aber keine Ahnung von der Flugzeugkonstruktion. Daher fiel es mir nicht schwer, ein sehr leichtes und sehr großes Flugzeug zu entwickeln, das sich als geeignet für die besondere Problemstellung erwies.

Der Gossamer Condor mußte weder hoch noch schnell fliegen, daher würde niemand zu Schaden kommen, wenn er kaputtging. Nur leicht mußte er sein. Seine Konstruktion durfte also leicht, fast zerbrechlich sein. Ja, sie mußte sogar ab und an

Bleiben Sie locker

Es gilt, ein Paradox festzuhalten: Obwohl Kreativität harte Arbeit voraussetzt, fällt sie Ihnen leichter, wenn Sie sie lockernehmen. Humor schmiert das Räderwerk der Kreativität. Wenn Sie nämlich herumflachsen, sind Sie eher in der Lage, die ganze Vielfalt der Möglichkeiten zu berücksichtigen – schließlich blödeln Sie ja nur. Durch Scherze können Sie den inneren Zensor entwaffnen, der Ihre Ideen allzu schnell als lächerlich verwirft. Daher gilt für Brainstorming in Wissenschaft und Wirtschaft die Regel, daß jeder Vorschlag erlaubt ist und niemand einen Gedanken sofort als absurd verwerfen darf. Den Teilnehmern steht es frei, jeden Einfall zu präsentieren, der ihnen durch den Kopf geht, auch wenn er noch so ausgefallen erscheint. Häufig ist in diesen Ideen der Keim, aus dem die innovative Lösung erwächst.
Untersuchungen haben ergeben, daß in der Teamarbeit die Gruppen, die gern

zerbrechen, nur dann konnte ich sicher sein, daß er wirklich das Minimalgewicht hatte.

Wenn nie etwas kaputtging, war er offensichtlich zu schwer, das heißt, stabiler, als er sein mußte. Andauernd durfte er natürlich auch nicht in die Brüche gehen, dann konnte er seine Aufgabe nicht erfüllen. Wenn er so ungefähr bei jedem fünfundzwanzigsten Flug havarierte, lagen wir richtig. So konstruierten wir ihn dann auch. Beim Bau eines normalen Flugzeugs wäre das der helle Wahnsinn gewesen. In diesem besonderen Fall aber ganz und gar nicht. Die Bruchlandungen waren keine Fehlschläge, sondern Erfolge.«

Die richtigen Fragen zu stellen, ist eine wichtige Voraussetzung für die kreative Erkenntnis. Dazu MacCready: »Sobald du die Frage gestellt hast, können die Leute antworten. Aber du mußt erst den richtigen Anstoß geben.«

Einstein hatte die Fähigkeit, Fragen von so fundamentaler Bedeutung zu stellen, daß die Antworten darauf unser Verständnis des physikalischen Universums verändert haben.

Der Philosoph Alfred North Whitehead hat gesagt: »Es bedarf schon eines sehr ungewöhnlichen Verstandes, um das Offensichtliche zu untersuchen.« Etwas direkter hat es der Erfinder Buckminster Fuller ausgedrückt: »Trau dich, naiv zu sein.«

Die Kunst des Zuhörens

In den anfänglichen, vorbereitenden Stadien des kreativen Prozesses ist es von großer Bedeutung, exakte Informationen zu sammeln. Je gründlicher Sie sich über ein Problem informiert haben, desto größer sind Ihre Aussichten, eine Lösung zu finden. Wenn Ihre Aufgabe mit anderen Menschen zu tun hat, ist die Kunst des Beobachtens und Zuhörens besonders wichtig.

und oft lachen (in gewissen Grenzen natürlich – ständiges Herumalbern ist kontraproduktiv), kreativer und leistungsfähiger sind als Gruppen, die ernsthafter und gesetzter zu Werke gehen. Das Blödeln ist durchaus am Platz, denn Scherzen ist eine kreative Tätigkeit. Dazu sagt der Clown Wavy Gravy, der es wissen muß:»Wenn du nicht drüber lachen kannst, ist es nicht mehr lustig.«

Dabei kann sich ein Aspekt als hinderlich erweisen, über den wir uns vielleicht nur unzulänglich im klaren sind: unsere gesellschaftliche oder berufliche Rolle, die einschüchternde Fassade, die wir der Welt präsentieren. Mit anderen Worten, die Person, die wir zu sein versuchen, kann uns daran hindern, in Erfahrung zu bringen, was wir wissen müssen.

Eine der einschüchterndsten Berufsrollen ist die des Arztes. Daher bemüht sich die Kinderneurochirurgin Alexa Canady aus Detroit, ihren kleinen Patienten mit besonderer Aufmerksamkeit zuzuhören. Auf diese Weise ist sie kreativer in ihrer Arbeit.»Ich versuche, die freundliche Neurochirurgin von nebenan zu sein«, sagt Dr. Canady.»Wenn die Menschen hören, daß Sie eine Neurochirurgin sind, ist sofort eine Schranke da. Wenn Sie mich als Neurochirurgin wahrnehmen, werden Sie augenblicklich nervös, Sie vergessen, warum Sie gekommen sind, Ihr Blutdruck geht in die Höhe, und Sie können sich nicht richtig verständlich machen, weil Sie eingeschüchtert sind.

Nun stellen wir aber in der Neurochirurgie die meisten Diagnosen, indem wir die Krankengeschichte aufnehmen, die Patienten beobachten und ihr Verhalten registrieren. Wenn die Patienten sich aber ungewöhnlich verhalten, weil sie die Situation in meinem Behandlungszimmer beunruhigt, ist mein Urteil beeinträchtigt. Sind sie eingeschüchtert oder zu nervös, dann erhalte ich von ihnen nicht die Informationen, die ich brauche. Deshalb müssen wir erreichen, daß sich die Menschen bei uns wohl fühlen, uns alles berichten, selbst wenn sie glauben, daß es nichts zur Sache tut. Ich möchte mich mit meinen Pa-

Keine Operation gleicht der anderen

Die Medizin bietet viel Raum für kreatives Handeln. Zwar besitzt sie eine streng wissenschaftliche Grundlage, umfaßt in ihrer praktischen Ausübung aber auch eine Heilkunst, die ein hohes Maß an Flexibilität voraussetzt. »Die Menschen glauben, die Medizin hat lauter Patentrezepte: Wenn jemand mit X kommt, machen wir Y«, sagt Dr. Canady. »Wenn Sie ärztliche Behandlungen objektiv analysieren, dann läßt sich bei ungefähr achtundneunzig Prozent unserer Maßnahmen mit keiner kontrollierten, auf Zufallsverfahren beruhenden Studie nachweisen, daß Y besser als Z ist. Chirurgen bevorzugen bestimmte Methoden, weil sie sich in der Praxis bewährt haben.

An der Uni hört sich alles klar und eindeutig an, bis Ihre erste Operation kommt. Dann stellen Sie fest, daß keine Operation der anderen gleicht – selbst wenn es sich um einen einfachen Appendix handelt. Jeder Appendix ist etwas anders als der vorhergehende. Schließlich entdecken Sie, daß jeder Mensch einzigartig ist: die Anatomie ist an-

ders, die Krankheit ist anders. Und auch Sie reagieren anders, je nachdem, was Sie vorfinden.

Ständig tüfteln Sie an Ihren Operationsverfahren herum, lernen bei jedem Eingriff etwas dazu und erweitern Ihr Repertoire. Operieren macht Spaß. Das hat verschiedene Gründe. Unter anderem den, daß es sich um eine vollkommen abgeschiedene Welt handelt. Während der Operation können Sie sich ohne Unterbrechung ganz auf Ihre Tätigkeit konzentrieren. Und es herrscht Kameradschaft im Operationssaal. Das ist ein Ort, wo alle zusammenarbeiten und ihre Eitelkeit außen vor lassen. Und außerdem ist es ein Ort, der Sie zur Kreativität zwingt.

Ich glaube, Kreativität ist für das ganze Leben wichtig. Für die Art, wie Sie mit Ihren Kindern umgehen oder wie Sie Ihr Hobby betreiben. Für viele Menschen wird wohl in ihrem Beruf kein Platz für Kreativität sein. Aber irgendwo in ihrem Leben gibt es etwas, was sie wirklich interessiert, wo sie weiterkommen möchten. Wenn das nicht wäre, wozu leben wir dann?«

46

tienten unterhalten und sie nicht untersuchen. Sie sollen in mir nicht die Chirurgin, sondern den Menschen sehen.«

Weiter erklärt Dr. Canady: »Ich glaube, in der Medizin ist das wichtigste Element der Kreativität das Zuhören. Sie müssen auf das hören, was der Patient wirklich sagt, nicht auf das, was seine Worte mitteilen. Sie müssen auf das hören, was die Menschen sagen, mit denen Sie zusammenarbeiten. Jeder, der mit einem Patienten umgeht, kann Ihnen etwas berichten. Auch die Hilfsschwester weiß etwas über den Patienten. Wir haben hier eine großartige Frau, May heißt sie. Seit Jahren kümmert sie sich rührend um die Kinder, die nach Unfällen im Koma liegen. Wenn Sie auf May hören, dann wissen Sie genau, wie es den Patienten geht und wann sie aufwachen. Sie verbringt jeden Tag viele Stunden bei ihnen. Deshalb kann sie ihren Zustand viel besser als ich beurteilen. Schließlich macht sie alle Viertelstunde ihre Runde.

Und Sie müssen auf die Eltern hören, weil wir immer wieder feststellen, daß Kinder, die im Koma liegen, auf ihre Eltern weit früher reagieren als auf alle anderen Menschen. Wenn Sie die Interaktion beobachten, bemerken Sie den Unterschied – Kinder im Koma wackeln bei den Eltern mit dem Daumen, lange bevor sie es bei irgend jemand sonst tun.

Daher hören wir auf jeden, der etwas weiß, weil wir alle Hilfe brauchen, die wir kriegen können.«

Lernen durch Risiko

Kreative Menschen sind nicht nur für Erfahrungen aller Art offen, sie sind auch risikobereit. Neben seinem Beruf als Dozent an der Graduate School of Business der Stanford University ist Jim Collins auch ein begeisterter Bergsteiger. Da er viel Zeit auf dem Stanford-Campus inmitten der sanften Hügel auf der Halbinsel von San Francisco verbringt, hält er sich, fernab aller naturgegebenen Klettermöglichkeiten, dadurch in Form, daß er an den Gebäuden des Stanford-Campus seine Klettertechnik verfeinert.

Das Treppenhaus des Physikinstituts oder die Mauern des historischen Hofs funktioniert er zu Kletterflächen um, an denen er seine Fertigkeiten überprüfen und verbessern kann. Auf diese Weise kann er sicher sein, daß alle Bewegungen gut eingeübt sind, wenn er sich wirklich auf eine schwierige Klettertour begibt. Er braucht nicht mehr über die grundlegenden Techniken nachzudenken, wenn er an einem gefährlichen Felsen hängt. Vielmehr kann er alle seine Gedanken und Energien für die kreative Lösung mobilisieren.

Collins sagt:»Klettern gehört zu den kreativsten Dingen, die

Wie auf dem Psycho Roof
das Unmögliche möglich wurde

Mit dem Klettern begann Jim Collins während seiner Jugend in Boulder, Colorado, einer Gegend, die mit einigen der schwierigsten Berge auf dem amerikanischen Kontinent aufwarten kann. Collins betrieb das Klettern nur aus Liebhaberei. Doch am 28. Juli 1978 ging er in die Geschichte des Bergsteigens ein. Ihm gelang nämlich die Erstbesteigung des Psycho Roof, einer gefährlichen Felswand im El Dorado Canyon, die unter Bergsteigern weltberühmt ist.

Es gab eine Route zum Psycho Roof hinauf, die, wie die Kletterer aus jahrelanger bitterer Erfahrung wußten, einfach unmöglich war. Das Problem lag darin, daß man keinen Halt man oberen Rand der Felswand finden konnte. Der Rand wölbt sich so weit nach außen, daß er sich für den Arm des Kletterers außer Reichweite befindet. Die Lösung: Collins erkannte, daß er sich in der Wand drehen mußte. Wenn er unmittelbar unter dem Rand mit dem Kopf nach unten hing, konnte er den Rand mit einem Zeh fassen.

Das Bein war länger als der Arm, das war der entscheidende Aspekt: Die Zehen wie Finger verwendend, vermochte er sich so lange zu halten, bis er auch mit einer Hand den Rand gepackt hatte. Die unmögliche Route zum Psycho Roof wurde möglich, weil Collins die eingefahrenen Denkmuster lange genug ›losgelassen‹ hatte, um das Problem in einer Weise anzugehen, an die noch niemand gedacht hatte.

48

ich je getan habe: Es ist ein ununterbrochener Problemlösungsprozeß. Für diese Hänge gibt es keine Straßenkarten. Du starrst die nackte Felswand an und sagst dir: ›Wahrscheinlich gibt es eine Route.‹ Aber du mußt sie beim Klettern erfinden.«
Collins erklärt, durch das Klettern lerne er, was Kreativität in der Wirtschaft heiße. Egal, ob es sich um eine Klettertour oder eine Geschäftsgründung handelt,»von außen betrachtet sieht es verdammt gefährlich aus. Häufig sagen Unternehmer: ›Ich habe nicht gewußt, of es klappen würde, aber ich habe mich dafür begeistert.‹ In der Business School benutzen wir Entscheidungsbäume – eine sehr strukturierte Methode zur Analyse der Wahrscheinlichkeiten von zukünftigen Ereignissen. Tatsächlich verändern sich die Wahrscheinlichkeiten, sobald sich die Leute engagieren.

Wenn du beim Klettern etwas wagst, wenn du nicht lange überlegst, ein schwieriges Stück in Angriff nimmst und den sicheren Halt aufgibst, dann denkst du schon daran, was dir passieren kann, wenn du abstürzt. Erst dann entwickelst du wirklich Kreativität und mobilisierst alle Kräfte, um in der Wand zu bleiben. An der Business School lernen wir, daß wir uns alle Möglichkeiten offenhalten müssen. Doch wenn du dich dein Leben lang bemühst, dir deine Möglichkeiten offenzuhalten, dann kommst du zu nichts anderem. Den Berggipfel erreichst du nicht, wenn du stets einen Fuß auf dem Boden behältst.«

Wie ein Kojote?

Ein Fehler bei kreativer Problemlösung ist ein Experiment, aus dem man lernen kann, aus dem man wertvolle Information für den nächsten Versuch gewinnt. Tatsächlich sind viele Erfindungen nur dank Fehlern zustande gekommen. Der englische Chemiker William Perkins hat die Herstellungsmethode für künstliche Farben entdeckt, als er versuchte, synthetisches Chinin zu entwickeln – ein Versuch, der mißlang. Aber er bemerkte, daß der Schlamm, der dabei entstanden war, einen purpurroten Fleck hinterließ. Eine nähere Untersuchung dieses Flecks markierte den Anfang der synthetischen Farbindustrie.

Oft trauen sich Menschen nichts zu, weil sie Angst haben, Fehler zu machen. Die können peinlich, sogar demütigend sein. Aber wenn Sie keine Gelegenheit beim Schopfe ergreifen und keine Fehler machen, dann können Sie auch nichts lernen, und schon gar nicht ungewöhnliche oder neue Wege gehen. Oder wie ein anonymer Witzbold gesagt hat: »Hab keine Angst, Böcke zu schießen, dazu sind Böcke schließlich da.«

Aus Untersuchungen scheint hervorzugehen, daß sehr kreative Menschen mehr Fehler begehen als ihre weniger einfallsreichen Zeitgenossen. Der Grund ist natürlich nicht, daß sie weniger tüchtig sind – sie versuchen einfach mehr als die meisten anderen. Sie produzieren mehr Ideen, kommen auf mehr Möglichkeiten und denken sich mehr Pläne aus. Manchmal haben sie damit Erfolg und manchmal nicht.

Chuck Jones, der vielbewunderte Zeichner von Wile E. Coyote und Bugs Bunny, sagt: »Ich denke nicht, daß wir aus unseren Erfolgen lernen. Wir lernen aus unseren Fehlern. Weiß Gott, das ist wirklich nicht das, was wir wollen. Aber erst wenn wir stolpern, merken wir, wohin es uns wirklich treibt.

Das Besondere an Wile E. Coyote ist, daß er soviel Ähnlichkeit mit uns allen hat. Eine perfekte Beschreibung des Kojoten liefert der Philosoph George Santayana: ›Ein Fanatiker ist jemand, der seine Anstrengungen verdoppelt, wenn er sein Ziel vergessen hat.‹ Wenn das nicht der Kojote ist, dann weiß ich wirklich nicht.« Wir bewundern den Kojoten, weil er seine Versuche unermüdlich fortsetzt.

Unsere Bemühungen können noch so heldenhaft sein, der kreative Augenblick läßt sich nicht erzwingen. Er kommt von ganz allein, wenn die Bedingungen stimmen. Oft lassen es jedoch die Forderungen und Fristen, von denen unser Leben bestimmt wird, nicht zu, daß wir warten, bis sich die Erkenntnis spontan einstellt. Wenn sich die kreativen Energien nicht auf ein Problem konzentrieren wollen, dann hilft es, sich einem anderen zuzuwenden, erklärt der Psychologe Dean Simonton von der University of California:

»Die meisten schöpferischen Menschen, die wir aus der Geschichte kennen, hatten nicht nur ein Eisen im Feuer, sondern waren gleichzeitig mit vielen verschiedenen Dingen beschäftigt. Wenn Sie auf dem einen Gebiet nicht weiterkamen, dann ließen sie es eine Weile ruhen und wandten sich einer anderen Sache zu. Wenn Sie an mehreren Projekten arbeiten, ist die Wahrscheinlichkeit größer, daß Ihnen irgendwo der Durchbruch gelingt... es geht immer vorwärts.«

Leonardo da Vinci beschäftigte sich gleichzeitig mit Architektur, Malerei, Stadtplanung, Naturwissenschaft und Technik. Während Darwin an Bord der *Beagle* die Studien betrieb, mit denen er später die Evolutionstheorie begründen sollte, machte er außerdem umfangreiche zoologische und geologische Aufzeichnungen, ja, er entwickelte sogar eine Systematik des Mienenspiels bei Mensch und Tier. Der Psychologe Howard Gruber von der Universität Genf, der sich eingehend mit Darwins Kreativität beschäftigt hat, bezeichnet ein derart breites Interessenspektrum als ›Projekt-Netzwerk‹. Wenn kreative Menschen von Arbeit zu Arbeit springen, dann übertragen sie, so meint Gruber, die Elemente und Perspektiven des einen Gebietes auf andere und gewinnen dadurch überraschende Einsichten. Außerdem können sie ein Projekt, mit dem sie mitten in der Frustrationsphase sind, erst einmal liegenlassen und sich einem anderen zuwenden.

Angst ist die Dienstmagd
der Kreativität

Den Mut zu finden, sich seine Ängste einzugestehen, und trotzdem den nächsten Schritt zu tun, ist eine ganz wesentliche Voraussetzung für Kreativität auf allen Gebieten. Chuck Jones weiß das nur zu gut:»Furcht ist ein unentbehrlicher Bestandteil aller kreativen Arbeit. Die Fischer von den Aran Islands vor der Küste Irlands, einem der gefährlichsten Fischgründe der Erde, sagen, wer keine Angst vor dem Meer hat, sollte nicht zum Fischen hinausfahren.«

Jones bekennt:»In meinem langen Leben als Cartoonist habe ich nicht ein einziges Bild gezeichnet, in dem ich diesem Ungeheuer – der Furcht – nicht begegnet bin. Im Trickfilm ist es ein Stück Filmmaterial, bei mir ein Stück Papier. Nie habe ich eine Zeichnung beendet, ohne mich zu fragen, ob ich jemals die nächste zustande bringen würde. Oder ob ich sie überhaupt beginnen könnte!

Angst ist die Dienstmagd der Kreativität. Allerdings ist wichtig, daß man sich die Angst eingesteht und sich auf sie einläßt. Die Furcht ist der Drachen, und du bist der Ritter. Kein Ritter, der sich nicht in die Stahlhosen machte, bevor er in die Schlacht zog, war ein guter Ritter.

Ich halte die Angst für unentbehrlich. Doch erst die Bereitschaft, dich ihr zu stellen, macht dich zum Künstler. Wenn du dann den Stift in die Hand nimmst und sagst: ›Jetzt weiß ich, was ich kann‹, hast du die Götter auf deiner Seite, weil du begriffen hast, wozu du fähig bist. Plötzlich ist die Angst verflogen. Die Angst weckt die Energien, die du brauchst, um dich mit den Göttern des Zeichenstiftes zu verbünden.«

Oder wie Oscar Wilde sagt:»Die Angst ist unerträglich. Ich hoffe nur, daß sie ewig dauert.«

Die Kreativität erweitern

Flow oder *White Moment*

Wenn die Kreativität einen Menschen ganz im Griff hat, erlebt er unter Umständen, was Sportler und Künstler in den Vereinigten Staaten *White Moment* nennen – den ›weißen Augenblick‹. Alles stimmt. Ihre Fähigkeiten sind so vollkommen auf die Aufgabe abgestimmt, daß Sie mit ihr eins zu werden scheinen. Alles ist Harmonie, Einklang, Leichtigkeit.

Gelegentlich wird der *White Moment* von Psychologen auch als *Flow* bezeichnet – ›Fließen‹. Mit diesem Zustand hat sich der Psychologe Mihalyi Csikszentmihalyi von der University of Chicago eingehend beschäftigt. Beim *Flow* befinden sich die Menschen auf dem Gipfel ihrer Leistungsfähigkeit. Zum *Flow* kann es in jedem Lebensbereich kommen – beim Malen, Schachspielen, Liebesakt, bei jeder Tätigkeit. Voraussetzung ist lediglich, daß Ihre Fähigkeiten den Erfordernissen des Augenblicks vollkommen entsprechen und damit jedes bewußte Reflektieren Ihres Tuns aufhört.

Wenn Ihre Problemlösungsfähigkeiten aber nicht den Anforderungen entsprechen, denen Sie sich gegenübersehen, dann empfinden Sie Angst und nicht *Flow*. So geht es Ihnen, wenn Sie sich einem Examen unterziehen, für das Sie nicht genügend gebüffelt haben, oder wenn Sie eine unvorbereitete Rede halten sollen. Sind Ihre Fähigkeiten hingegen zu groß für die anstehende Aufgabe, dann haben Sie das umgekehrte Gefühl: Langeweile. Die dürfte eine promovierte Astrophysikerin empfinden, wenn sie sich den lieben langen Tag keinen größeren kreativen Herausforderungen gegenübersieht, als Fahrgemeinschaften für ihre Kinder und deren Freunde zu organisieren.

Wenn sich Fähigkeiten und Aufgabe vollkommen entsprechen, dann ist das Resultat mit ziemlicher Wahrscheinlichkeit *Flow*. Dann ist die Aufmerksamkeit ganz auf die anstehende Aufgabe gerichtet. Ein Zeichen dieser vollkommenen Inanspruchnahme ist der Eindruck, daß die Zeit schneller – oder langsamer – verstreicht. Die Menschen sind so auf ihre Tätigkeit konzentriert, daß sie gefeit sind gegen alle Ablenkungen. Csikszentmihalyi berichtet von einem Chirurgen, der mit einer schwierigen Operation beschäftigt war. Als der Patient versorgt war, blickte der Chirurg auf und bemerkte einen Haufen Schutt in einer Ecke des Operationssaals. Auf eine entsprechende Frage wurde ihm berichtet, daß während der Operation ein Teil der Decke eingestürzt sei. Seine Arbeit hatte ihn so in Anspruch genommen, daß er nichts gehört hatte.

Aus neurologischen Studien an Menschen im *Flow* geht hervor, daß das Gehirn weniger Energie verbraucht, wenn wir mit einem Problem ringen. Offenbar sind dann die Teile des Gehirns, die an der Aufgabe beteiligt sind, äußerst aktiv, alle anderen aber relativ passiv. Im Zustand der Angst oder Verwirrung gibt es dagegen keine Aktivitätsunterschiede der einzelnen Teile des Gehirns.

Oft treten *Flow*-Zustände bei Sportlern auf, vor allem bei den besten ihrer Zunft. So beschreibt der Basketballstar Bill Russell diese Augenblicke in seiner Biographie als Momente einer geradezu übernatürlichen Intuition:

»Es war fast so, als würden wir in Zeitlupe spielen. In solchen Phasen fühlte ich fast körperlich, wie sich der nächste Spielzug entwickeln und der nächste Wurf erfolgen würde. Noch bevor die andere Mannschaft den Ball in Korbnähe brachte, spürte ich das so deutlich, daß ich meinen Teamkameraden am liebsten zugerufen hätte: ›Dahin kommt er!‹ – tat es aber nicht, weil ich wußte, daß sich dadurch alles verändert hätte.«

Selbstvergessenheit

Im *Flow*-Zustand verlieren wir das Bewußtsein unserer selbst. Ganz ähnlich ist der Zen-Begriff der Selbstvergessenheit: ein Zustand vollkommener Inanspruchnahme durch das, was wir tun. Der buddhistische Gelehrte Professor Kenneth Kraft von Lehigh University, der viele Jahre in Japan verbracht hat, sagt dazu:»Im Zen hat das Wort *Geist* eine sehr interessante Bedeutung. Das Wort ist nämlich auch ein Symbol für das Bewußtsein des Universums. Tatsächlich betrachtet man den Geist des Individuums und den Geist des Universums letztlich als Einheit. Wenn wir uns also von unserem kleineren, individuellen Geist befreien und das lebhafte Bewußtsein unserer selbst verlieren, finden wir Zugang zu diesem größeren, kreativeren Universalgeist.«

Die Vorstellung, mit der jeweiligen Tätigkeit zu verschmelzen, ist von zentraler Bedeutung im Zen.»Zen lehrt den Menschen, sich seinem Tun so rückhaltlos zu widmen, daß er sich darüber selbst verliert«, erläutert Kraft.»Daher malt ein meisterhafter Kalligraph seine Buchstaben völlig selbstvergessen.«

Selbstvergessenheit ist nicht zu verwechseln mit einem unbewußten Zustand oder einer verschwommenen Betäubung. Ganz im Gegenteil, sie ist ein Zustand heller Bewußtheit, der nicht den üblichen Ablenkungen des inneren Geschwätzes unterworfen ist. Dazu Kraft:»Selbstvergessenheit bedeutet, daß das Bewußtsein nicht mit zufälligen Gedanken angefüllt ist – Gedanken wie: ›Sieht diese Schrift gut aus? Sollte der Strich hier oder dort ansetzen?‹ Nichts dergleichen befindet sich im Geist des Meisters. Er ist reines Tun, reiner Strich.

Die Zen-Kalligraphie beginnt vor dem ersten Strich. Zuerst schafft der Meister den inneren Zustand. Erst dann wendet er sich der Kalligraphie zu. Aus dem Zustand der Selbstvergessenheit geht der erste Strich hervor.

Ein sehr wichtiger Teil der Kalligraphie ist der erste Tintentupfer auf der Schriftrolle, der Ursprung des Schriftzeichens.

Aus diesem Beginn ergibt sich der Rest. Wenn der Anfang aus irgendeinem Grund mißlingt – weil er zu gewollt, zu ängstlich oder zu kühn ist –, dann kann das Gleichgewicht der ganzen Arbeit in Gefahr geraten. Geschulte Betrachter können an einer kalligraphischen Arbeit die Geistesverfassung des Kalligraphen ablesen.«

Diese Arbeiten werden als Erbe der Meister so hoch in Ehren gehalten, daß in vielen Zen-Tempeln jährliche Ausstellungen stattfinden.»So eine Schriftrolle ist für sie gewissermaßen ein Schnappschuß von der Geistesverfassung des Meisters«, meint Kraft.»Einige Striche sind kühn und kräftig, andere zart, einige sind hastig hingeworfen, andere bedächtig und ruhig. Und doch bringen sie alle des Meisters Zen, seine Bewußtheit, zum Ausdruck.«

Und in einem tieferen Sinne bringen alle unsere kreativen Akte diese Bewußtheit zum Ausdruck – das, was wir im Augenblick sind.

Wie das Wasser

Im Westen verbinden wir kreative Tätigkeit häufig mit Erfinden und Problemlösen, das sehen asiatische Kulturen traditionell etwas anders. Für diese Kulturen kommt Kreativität aus einer tieferen Quelle als innovatives Denken. Im Buddhismus zum Beispiel ist das Denken nur einer der Sinne und hat wie alle Sinne seine Grenzen.

»Eines der Ziele des Zen-Buddhismus besteht darin«, sagt Kraft,»über die Sinneswahrnehmungen und über das Denken hinauszugehen. Die Intuition – die Quelle der Erkenntnis – schleicht sich von irgendwoher bei uns ein, wenn wir an ganz was anderes denken. Für diese Möglichkeit müssen wir empfänglich und ansprechbar sein.

Eines der Bilder, die in Asien zur metaphorischen Umschreibung der Kreativität dienen, ist das Wasser. Wasser paßt sich allen Umständen an, auf die es trifft. Im Flußbett schießt das Wasser dahin, aber sobald es auf eine Klippe trifft, umfließt es sie. Wenn wir eine Tasse in den Fluß tauchen und mit seinem Wasser füllen, dann paßt es sich der Tassenform augenblicklich und vollkommen an.

In ganz ähnlicher Weise reagiert Kreativität auf die Umstände. Erweist sich jemand als besonders empfänglich für die Bedingungen, unter denen er lebt, wird er sehr kreativ sein.«

Eine Geistesverfassung, die so transparent und anpassungsfähig wie Wasser ist, spielt in der Tradition der fernöstlichen Kampfsportarten eine große Rolle, wo es außerordentlich wichtig ist, auf ein Ereignis schnell zu reagieren oder es sogar zu antizipieren. Nur durch enorme Disziplin läßt sich eine Haltung herstellen, in der der Mensch zu einer völlig unverzerrten Informationsaufnahme fähig ist. Denn exakte Informationen – egal ob es sich um das nächste Manöver des Judogegners oder eine bevorstehende Veränderung des Automarktes handelt –, bilden die Grundlage kreativen Handelns.

Die Ansicht, Kreativität sei eine Art Pas de deux wechselseitiger Abhängigkeit zwischen Beobachter und Beobachtungsgegenstand oder zwischen Hersteller und Verbraucher, hat ihre Wurzeln in einer alten Philosophie, die alle Erscheinungen als Aspekte eines einzigen, viel-

Loslassen

Wenn sich Menschen Augenblicke höchster Kreativität und Ausdruckskraft vergegenwärtigen, bezeichnen sie sie häufig als Erlebnisse des ›Loslassens‹ (vgl. die Erörterung von *Flow* und *White Moment* auf Seite 53 f.). In diesem Augenblick des Loslassens ereignet sich Kreativität.

Das kann passieren, während Sie einer anstrengenden sportlichen Tätigkeit nachgehen oder sich auf eine einfache, monotone Tätigkeit konzentrieren. Es kann Sie beim Einschlafen, in Ihren Träumen oder beim Aufwachen überraschen. Viele Menschen stellen fest, daß sie ihre besten Einfälle häufig unter der Dusche haben. Andere müssen Urlaub nehmen, zumindest einen kurzen, um sich von allem so freizumachen, daß ihre Kreativität sich ungehindert entfalten kann. Meditation, Stretching, ein Instrument Spielen, Tanzen, tiefes Atmen – alles individuelle Methoden, um der Kreativität den Weg zu ebnen.

Im folgenden beschreiben wir zwei Techniken, die Ihnen dabei helfen können, loszulassen und sich von eingefahrenen Gewohnheiten zu befreien:

☞ Körperlich loslassen. Setzen Sie sich auf einen Stuhl und legen Sie die Hände bequem auf Ihre Beine. Spannen Sie Ihre Beine an und halten Sie sie gespannt, während Sie nacheinander und stetig Becken, Brustkasten, Schultern, Hals und Kiefer anspannen. Halten Sie alle diese Muskeln einen Augenblick lang gespannt. Nun entspannen Sie sich. Sie haben gerade losgelassen. Was für ein Gefühl ist das? ☞

☞ Geistig loslassen. Stellen Sie sich vor, etwas, was Sie geistig mit sich herumtragen und was Ihnen im Wege ist – ein starkes Gefühl, eine Überzeugung oder ein Gedanke –, wird von einem Kleidungsstück oder etwas Ähnlichem verkörpert. Das kann ein Schuh sein, eine Armbanduhr, ein Ring, ein Schal, ein Halsband oder ein Schlips. Stellen Sie sich ganz deutlich vor, daß diese blockierende Einstellung vollkommen in dem von Ihnen getragenen Objekt enthalten ist. Gedanke und Gegenstand sind

fältig verwobenen Systems begreift. Moderne ökologische Theorien haben große Ähnlichkeit mit der philosophischen Auffassung, nach der Handlungen dann besonders kreativ sind, wenn sie der gesamten Umwelt Rechnung tragen.

Kreativität dieser Art ist typisch für die Kunstformen, die man in Japan als Wege bezeichnet: den Weg der Kalligraphie, den Weg des Bogenschießens, den Weg des Tees, den Weg des Blumensteckens oder den Weg des Judos.»Diese Wege sind von grundsätzlicher Bedeutung für die asiatische Kultur«, meint Kraft.»Anfänglich erscheint uns Westlern der Weg eher wie ein schmaler Pfad mit sehr eng gesteckten Regeln und ohne Raum für Kreativität. Dem Adepten der betreffenden Kunst bleibt lediglich die Möglichkeit, den Vorgängern nachzueifern, so gut er es vermag.

Aber das Ganze ist viel komplizierter, weil sich die Umstände, in denen wir uns befinden, auf jeden Fall von denen unserer Vorgänger unterscheiden. Also gehört auch zur Befolgung der Tradition Anpassung und Ausdruck der eigenen Persönlichkeit – und das sind Formen der Kreativität.

Zum Beispiel ist auf dem Weg der Kalligraphie das Schriftzeichen zwar festgelegt – Sie können das Schriftzeichen nicht verändern –, und doch offenbart ein einziges Schriftzeichen eine erstaunliche Vielfalt, wenn es von verschiedenen Kalligraphen zu Papier gebracht wird.« Sicherlich ist dieser Kreativitätsbegriff passiver und bescheidener als die westliche Fixierung auf spektakuläre Erfindungen und Entdeckungen. Doch richtig verstanden ist er eine unerschöpfliche Quelle der Energie und Erkenntnis. Ihre Produktivität und ihren wirtschaftlichen Erfolg gewinnt die japanische Elektronik- und Autoindustrie aus dieser Tradition kreativer Anpassung und Weiterentwicklung.

jetzt miteinander verschmolzen. Und nun: Legen Sie ihn ab! Beobachten Sie, was Sie empfinden, während Sie dieses geistig-seelische Hindernis loslassen. ☺*

Weiter auf Seite 73

Die Freude an der Freude

Flow ist ein ekstatischer Zustand, ein erhebendes Gefühl, ein natürlicher ›Kick‹. »*Joy* – Freude –, was für ein herrliches Wort«, sagt der Zeichner Chuck Jones. »Immer wenn ich an *Joy* denke, finde ich, daß man das Wort gar nicht schreiben kann. Es müßte ein elegantes Gebilde sein, mit einer Perle obendrauf und Zuckerwerk an den Seiten. Eine Aura von Glück umgibt es. *Joy* zu sehen ist wirklich ein Vergnügen.

Und es ist groß, mit einem umwerfenden *O*, das dich anlächelt. Und es ist hübsch, wie ein *Yes*, schließlich ist ja der letzte Buchstabe von *Joy* der erste Buchstabe von *Yes*. Und *Joy* ist wunderhübsch geschmückt, über und über mit Flügeln besetzt – und, wahrlich, es kann abheben. Wenn du etwas zeichnest und es haut hin, dann hast du die Kreativität am Schwanz gepackt. Aber wenn du nicht bereit bist, das Risiko einzugehen, Fehler zu machen, dem Drachen der Angst ins Auge zu schauen und dranzubleiben, wirst du nie die Freude an *Joy* kennenlernen, die Freude an der Freude!«

Wie die Kinder

Als sich Howard Gardner mit den Menschen beschäftigte, die durch die Kraft ihrer Kreativität das 20. Jahrhundert entscheidend geprägt haben, fiel ihm auf, daß sie zwar alle relativ früh an die Grenzen ihres Gebietes gestoßen waren –»als Zwanzigjähriger konnte sich Picasso mit den größten Malern seiner Zeit messen, und Einstein beherrschte mit zwanzig die Physik wie die besten seiner Zunft« –, daß sie sich in ihrer Arbeit aber alle gleichzeitig eine kindliche Unbefangenheit bewahrt hatten. »Sie hatten alle etwas Kindhaftes an sich«, meint Gardner, »einerseits dieses Gefühl der Freiheit, daß ihnen eine Welt offensteht zur Erforschung und Eroberung, und gleichzeitig die Fähigkeit zu staunen, über die gleichen Dinge zu staunen, die Kinder zum Staunen bringen. Einstein hat sich gefragt, wie es wohl wäre, auf einem Lichtstrahl zu reiten. Als Kinder stellen viele Menschen solche Fragen, als Erwachsene nur noch wenige. Picasso hat gefragt: ›Was können wir mit einem Gegenstand anstellen, wenn wir ihn in kleine Teile zerbrechen?‹ Freud hat ganz grundlegende Fragen zu unseren Träumen gestellt, und Martha Graham hat sich in ihrem Tanz auf die formalsten, elementarsten Elemente dieser Kunstform besonnen.

Ich glaube, jeder schöpferische Mensch – egal ob er zur Groß-K- oder Klein-k-Kategorie gehört – mobilisiert nicht nur die Kenntnisse und Fertigkeiten, die er auf seinem Spezialgebiet besitzt, sondern auch solche kindhaften Züge – die Fähigkeit, sich jene Art von Fragen zu stellen, mit denen sich Kinder ständig auseinandersetzen, die den meisten Menschen aber im Zuge der Sozialisation mit vielen anderen kindlichen Eigenschaften abhanden kommen.«

Die Wurzeln der Kreativität liegen in der Kindheit. Unter welchen Bedingungen sie sich entfaltet oder verkümmert, wollen wir im nächsten Kapitel untersuchen.

Zweites Kapitel

Kreativität in Kindern

»Es war ein Kind, das ausging jeden Tag,
Und was es zuerst erblickt, das wurde es,
Und das wurde ein Teil von ihm für den
Tag oder für einen Teil des Tags
Oder für viele Jahre oder weite Kreise von Jahren.
Der frühe Flieder wurde ein Teil dieses Kinds,
Und das Gras und weiße und rote Winden und
    weißer und roter Klee und das ›Pi-wii‹ der
    Lachmöwe,
Und die Lämmer des dritten Monds und der
    hellrosa Wurf der Sau, das Fohlen der
    Stute, das Kalb der Kuh,
Und die lärmende Brut im Farmhof oder am
    sumpfigen Rand des Teichs,
Und die Fische, die so seltsam, wie aufgehängt,
    da unten schwebten, und das schöne,
    seltsame Naß,
Und die Wasserpflanzen mit ihren flachen lieb-
    lichen Köpfen, alle wurden sie Teile von
    ihm.«

Walt Whitmann
Grashalme
(Deutsch von Hans Reisiger)

In diesem Gedicht von Walt Whitman finden wir viel von dem wieder, was wir über Kinder und Kreativität wissen: Für das Kind ist das Leben ein kreatives Abenteuer. Die grundlegenden Entwicklungsschritte des Kindes, die der Exploration seiner Welt dienen, sind Übungen in kreativer Problemlösung. In einem lebenslangen Prozeß erfindet sich das Kind. Insofern erfindet es auch alle Errungenschaften der Menschheit neu – Sprache, Gehen, Liebe. Die Malerei wird wiederentdeckt in dem Gekritzel, welches das Kind ›Wauwau‹ nennt. In dem Vergnügen, das es empfindet, wenn es einen Klumpen Ton zu einer Schlange ausrollt, stößt es auf die Anfänge der Bildhauerei. Zum Ursprung der Mathematik gelangt es, wenn es feststellt, daß der Lehm, der die Form einer Schlange angenommen hat, seine Menge gegenüber dem ursprünglichen Klumpen nicht verändert hat. Und die Geschichte der Musik beginnt in dem Augenblick von neuem, da das Kind sich am rhythmischen Klatschen seiner Hände erfreut.

»Die wesentlichen Elemente der Kreativität«, sagt die Psychologin Teresa Amabile,»sind schon im Säugling vorhanden: der Wunsch und das Verlangen, die Welt zu erforschen, die Dinge zu ergründen, sie auszuprobieren, auf unterschiedliche Weise mit ihnen umzugehen und sie unterschiedlich zu betrachten. Wenn Kinder älter werden, erschaffen sie ganze Wirklichkeitswelten in ihrem Spiel.«

Wenn die Waschmaschine in einem großen Pappkarton geliefert wird, können Kinder wochenlang mit ihm spielen. Sie krabbeln rein und raus, rollen sich im Karton zusammen und erfinden ihn ständig neu – als Bärenhöhle, als Gondel oder Ballon, der durch die Lüfte schwebt, als Piratenschiff, Raumstation, Kaufmannsladen. Er kann fast jede Gestalt annehmen, nur eine nicht – die eines Pappkartons, in dem die Waschmaschine ins Haus kam. Die Art und Weise, wie wir Kreativität in der Kindheit erleben, bestimmt weitgehend, was wir als Erwachsene tun – im Beruf wie in der Familie. Die Lebensfähigkeit – ja, die Überlebensfähigkeit – unserer Gesellschaft hängt davon ab, ob es uns gelingt, junge Menschen heranzubilden, die den Mut haben, nach neuen Problemlösungen zu suchen.

Durch die Einflüsse der häuslichen Umgebung und durch die Erwartungen an die Schule können Eltern die Kreativität ihrer Kinder fördern oder unterdrücken. Natürlich möchten sie, daß ihr Kind so kreativ bleibt, wie es ist – sich soweit wie möglich sein Staunen und seine Spontaneität bewahrt. Für das Kind ist alles möglich und alles vorstellbar.

Doch die natürliche Neugier und Freude des Kindes sind nur ein Teil der Wahrheit. Je mehr wir über Kreativität lernen, desto deutlicher stellt sich heraus, daß die Aussichten auf ein kreatives Leben am größten sind, wenn sich das Kind schon früh von einer *bestimmten* Beschäftigung angezogen fühlt. Solch spontanes Interesse veranlaßt das Kind zu ausdauernden und konkreten Bemühungen – wobei keine Rolle spielt, ob es sich um ein Klavier, Bilder oder Legotürme handelt.

Wenn wir uns vor den engen Intelligenz- und Leistungsdefinitionen hüten, die traditionell bemüht werden, dann läßt sich der Geist der Kreativität in der Kindheit auf vielfältige Weise fördern. Dazu müssen wir aber zunächst einmal wissen, wie die Entwicklung des Menschen in ihren Grundzügen verläuft.

Kinder sind kreativ, ohne daß sie es lernen müssen, weil Kreativität eine entscheidende Voraussetzung für das menschliche Überleben ist. Fast jede andere Tierart wird mit einem vollständig angelegten Repertoire an Reflexen und Reaktionen geboren. Anders wir Menschen: Wir müssen fast alles, was wir zum Überleben brauchen, ganz neu lernen.

Gehirn und zentrales Nervensystem setzen ihren Entwicklungs- und Reifungsprozeß während der Kindheit und der Adoleszenz fort. Mit etwa acht Jahren wächst der Schädel richtig zusammen und umgibt das Gehirn mit einer festen Schale. Doch erst mit zwölf Jahren zeigt das Gehirn alle Eigenschaften des Reifestadiums. Bei der Geburt und in der Kindheit besitzt das Gehirn viel mehr Neuronen als im Erwachsenenalter. An der Schwelle der Pubertät erlebt es einen Prozeß, der als *Ausdünnung (pruning)* bezeichnet wird: Millionen von Nervenverbindungen sterben ab, während andere sich zu den Mustern fügen, die das Individuum sein Leben lang beibehalten wird.

Ideen aus der Dämmerzone

Aus der Neurologie ist bekannt, daß das Hirnstrombild eines präadoleszenten Kindes im Wachzustand einen hohen Anteil von Thetawellen aufweist. Bei Erwachsenen sind diese Wellen viel seltener und treten meist im hypnagogen Zustand auf, einer Dämmerzone an der Grenze zum Schlaf, in der sich Traum und Wirklichkeit mischen. Folglich ist das Wachbewußtsein des Kindes mit dem Geisteszustand vergleichbar, den Erwachsene vorwiegend in den traumartigen Augenblicken des Einschlafens erleben. Das mag einer der Gründe dafür sein, daß das Komische und Merkwürdige, das Närrische und Schreckliche so selbstverständlich zur Wirklichkeit des Kindes gehören. Das kindliche Wachbewußtsein ist viel offener für neue Wahrnehmungen und abenteuerliche Ideen.

Während der Pubertät verwandelt sich das kindliche Gehirn in das des Erwachsenen. Die Thetawellen und die ungezügelte Kreativität des Kindes verblassen.

Doch einigen Menschen gelingt es, sich auch in ihrem späteren Leben die schöpferische Vielfalt der Thetazustände zunutze zu machen. Thomas Edison hat als Erwachsener bewußt auf den hypnagogen Zustand zurückgegriffen. Dazu bediente er sich einer ungewöhnlichen Technik. Er döste in einem Stuhl, die Arme und Hände auf den Seitenlehnen. In jeder Hand hielt er ein Kugellager. Auf den Fußboden stand unter jeder Hand eine Tortenplatte. Wenn er nun in den Zustand zwischen Wachen und Schlafen abglitt, lockerte sich der Griff seiner Hände, und die kleinen Kugeln fielen auf die Platten. Von dem Geräusch geweckt, schrieb Edison sofort alle Einfälle auf, die ihm in diesem Zustand durch den Kopf gegangen waren.

Nun wird die Ausdünnung am ehesten von den Nervenbahnen überlebt – so sagt eine Theorie –, die in der Kindheit am häufigsten gebraucht wurden. Daraus ergibt sich der Schluß, daß Gewohnheiten, die sich während der Kindheit eingeschliffen haben, für die Möglichkeiten des Erwachsenen von erheblicher Bedeutung sind. Alexander Popes Ausspruch »Wie man das Zweiglein biegt, so neigt sich der Baum« bekommt dadurch eine ganz neue Bedeutung.

Kreativität fördern

Was geschieht während der Entwicklung zum Erwachsenen, wenn Kreativität der Naturzustand des Kindes ist? Vermutlich werden sich viele Leser in der traurigen Geschichte der kleinen Teresa Amabile wiedererkennen, die heute eine Expertin auf dem Gebiet der Kreativität ist.

»Ich ging zur Vorschule, und meine über alles geliebte Lehrerin Mrs. Bollier machte einen ihrer üblichen Hausbesuche bei meiner Mutter. Natürlich versuchte ich, das Gespräch im Nebenzimmer zu belauschen.« Hochbeglückt vernahm Teresa, was Mrs. Bollier ihrer Mutter zu sagen hatte: »Ich finde, Teresa zeigt im bildnerischen Bereich große Kreativität, und hoffe, sie wird später etwas daraus machen.«

»Ich wußte zwar nicht, was ›kreativ‹ bedeutet«, erinnert sich Teresa heute, »aber offenbar war es etwas sehr Erstrebenswertes.

Jeden Morgen lief ich in die Vorschule und konnte es gar nicht abwarten, an die Staffelei zu kommen und mich über all die herrlichen Farben und großen Pinsel herzumachen, die da bereitlagen. Außerdem hatten wir freien Zugang zu einem Tontisch, an dem wir nach Belieben mit verschiedenen Materialien arbeiten durften. Ich weiß noch, daß ich nach der Schule nach Hause kam und meiner Mutter erklärte, ich wolle mit Buntstiften spielen, zeichnen, malen.«

Doch die Vorschule sollte der Höhepunkt in Teresas künstlerischer Karriere bleiben. Im folgenden Jahr kam sie auf eine herkömmliche Grundschule, wo strenge Ordnung herrschte, und alles wurde anders. Teresa: »Von nun an war der Zugriff auf Farben, Pinsel und Ton streng reglementiert. Kunst wurde ein Unterrichtsfach wie alle anderen, ein Fach, das man anderthalb Stunden am Freitag nachmittag hatte.« Woche für Woche, die ganze Grundschule hindurch, war es der gleiche Kunstunterricht, sehr phantasielos und entmutigend. »Jede Woche erhielten wir kleine Drucke von Meisterwerken der Malerei, jede Woche einen anderen. Einmal, in der zweiten Klasse, bekamen wir eine Kopie von Leonardos *Anbetung der Könige.*

Eigentlich waren diese Drucke für Bildbetrachtungen gedacht, aber unsere Lehrer machten einen ganz anderen Gebrauch davon. Wir wurden aufgefordert, unsere Malsachen herauszunehmen und das Bild zu kopieren. Man ließ Zweitkläßler mit ihren Malblöcken und Wachsmalstiften einen Leonardo da Vinci kopieren. Das reine Frustrationstraining!

In diesem Alter haben Kinder noch nicht einmal die Fähigkeit, alle diese Pferde und Engel auf dem Papier unterzubringen, von irgendwelcher Ähnlichkeit ganz zu schweigen. Es war sehr entmutigend. Wir sahen selbst, daß die Resultate unserer Bemühungen kläglich waren.

Hinzu kam, daß wir überhaupt keine Hilfe bekamen. Schlimmer noch, diese Scheußlichkeiten wurden benotet, so daß für uns noch ein erheblicher Bewertungsdruck hinzukam. Damals merkte ich selbst, daß meine Motivation in diesem Bereich total abgewürgt wurde. Wenn ich nachmittags nach Hause kam, hatte ich schon längst keine Lust mehr, meine Malsachen herauszunehmen und mich mit ihnen zu beschäftigen.«

Kreativitätskiller

Die psychologischen Zwänge, die die Kreativität eines Kindes hemmen, treten schon früh im Leben auf. Die meisten Kinder gehen gern in den Kindergarten, die Vorschule – sogar noch in die erste Klasse. Neues zu erfahren und zu lernen macht ihnen Spaß. Doch ab der dritten oder vierten Klasse haben viele die

Lust an der Schule verloren – und von Freude an der eigenen Kreativität kann überhaupt keine Rede mehr sein.

In ihren Untersuchungen hat Dr. Amabile die wichtigsten Kreativitätskiller namhaft gemacht:

• BEAUFSICHTIGUNG: Wir weichen den Kindern nicht von der Seite und geben ihnen das Gefühl, wir ließen sie bei der Arbeit nicht aus den Augen. Wenn ein Kind unter ständiger Beobachtung steht, versteckt und unterdrückt es alle Impulse zu Risikobereitschaft und Kreativität.

• BEWERTUNG: Wir bringen die Kinder dazu, sich Gedanken darüber zu machen, wie andere sie beurteilen. Kindern sollte es vor allem darum gehen, wie zufrieden sie selbst mit ihren Leistungen sind, statt sich den Kopf darüber zu zerbrechen, wie sie von anderen bewertet oder benotet werden oder was wohl die Freunde denken.

• BELOHNUNGEN: Übermäßige Verwendung von Mitteln wie Sternchen, Geld oder Spielzeug. Wenn solche Belohnungen zu oft und in zu großer Menge eingesetzt werden, nehmen sie dem Kind das intrinsische Vergnügen an kreativer Tätigkeit.

• WETTBEWERB: Wir bringen die Kinder in eine zugespitzte Konkurrenzsituation, in der es nur einen Sieger geben kann. Kinder sollten die Möglichkeit haben, das Tempo ihrer Fortschritte selbst zu bestimmen. (Allerdings gibt es einen gesunden Wettbewerb, der dem Team- oder Gruppengeist durchaus förderlich sein kann, wie wir auf Seite 114 sehen werden.)

• GÄNGELUNG: Wir schreiben den Kindern genau vor, wie sie was zu tun haben – ihre Hausaufgaben, ihre häuslichen Pflichten, sogar ihre Spiele. Oft verwechseln Eltern und Lehrer dieses Hineinregieren in jeden Lebensbereich der Kinder mit ihren legitimen erzieherischen Aufgaben. So gewinnen Kinder das Empfinden, Selbständigkeit sei ein Fehler und Explorationsverhalten Zeitverschwendung.

• EINENGUNG DER ENTSCHEIDUNGSSPIELRÄUME: Wir schreiben den Kindern vor, welchen Beschäftigungen sie nachzugehen haben, statt ihnen die Möglichkeit zu geben, ihren Interessen und Vorlieben zu folgen. Viel besser ist es, wir lassen die Kinder entscheiden, wozu sie Lust haben, und bestärken sie in ihren Neigungen.

• DRUCK: Wir stellen überhöhte Erwartungen an die Leistungen eines Kindes. Beispielsweise können sich die systematischen Trainingsprogramme, mit denen man Kleinkindern das Alphabet oder die Grundbegriffe des Rechnens einpaukt, bevor sie sich wirklich dafür interessieren, als ausgesprochen kontraproduktiv erweisen, so daß die Kinder am Ende eine tiefsitzende Abneigung gegen das betreffende Fach entwickeln.

Doch einer der größten Kreativitätskiller überhaupt ist viel unauffälliger, weil er so tief in unserer Kultur verwurzelt ist, daß wir ihn kaum bemerken. Er hat wesentlich mit der Zeit zu tun.

Wenn die intrinsische Motivation der Schlüssel zur Kreativität des Kindes ist, dann ist das entscheidende Element zur Förderung dieser Motivation die Zeit: Das Kind muß selbst entscheiden können, wieviel Zeit es braucht, um bestimmte Tätigkeiten und Materialien so auszukosten oder auszuprobieren, daß sie sein eigen werden. Kindern diese Zeit vorzuenthalten, ist möglicherweise eines der größten Verbrechen, die Erwachsene gegen die kindliche Kreativität verüben können.

Viel selbstverständlicher als Erwachsene können Kinder jenen extremen Kreativitätszustand erreichen, den wir *Flow* genannt haben und der ein Höchstmaß an Lust und kreativen Kräften freisetzt. Im *Flow* spielt die Zeit keine Rolle mehr, es gibt nur noch den zeitlosen Augenblick. In diesem Zustand fühlen sich Kinder weit wohler als Erwachsene, die die Zeit bewußter erleben.

»Ein Element der Kreativität ist zeitliche Offenheit«, sagt Anne Lewin, Direktorin des Capital Children's Museum in Washington, D. C. Das Children's Museum ist eine Spiel- und Lernumgebung, die besonders geeignet ist, Kinder in den *Flow*-Zustand zu versetzen. Täglich kann Lewin beobachten, daß es einen augenfälligen Unterschied gibt zwischen den Rhythmen

70

der Kinder, die dorthin kommen, und denen der Erwachsenen, die sie hinbringen.

»Kinder können sich ganz anders in ihre jeweilige Tätigkeit vertiefen als Erwachsene«, sagt sie. »Kinder müssen die Möglichkeit haben, ihren natürlichen Neigungen und besonderen Begabungen zu folgen. Sie müssen jeder Eingebung nachgeben können.«

Leider werden Kinder immer wieder unterbrochen, aus tiefster Konzentration gerissen, daran gehindert, eine Sache nach ihrem Wunsch zu Ende zu führen. Hören wir Lewin: »Erwachsene müssen unbedingt einen Rundgang absolvieren und sich alles ansehen. Kinder entdecken Hunderte von Dingen, die sie faszinieren und stundenlang in Anspruch nehmen können. Und dann erlebt man, wie Erwachsene sie weiterzerren und sagen: ›Das reicht jetzt. Komm weiter!‹

Es ist entsetzlich frustrierend, mitten aus der schönsten Beschäftigung gerissen zu werden. Aber wir leben in einer hektischen Zeit. Daher passiert es Kindern immer wieder, daß sie bei Tätigkeiten unterbrochen werden, die sie gar zu gerne fortgesetzt hätten. Sie werden fremden Zeitplänen unterworfen. Nie haben sie Zeit, sich entspannt ihren eigenen Rhythmen zu überlassen.

Wir Erwachsenen sind zu gehetzt, zu beschäftigt. Ich glaube nicht, daß unsere Kinder genügend Zeit haben. Entweder ist ihr Leben zu sehr oder zu wenig organisiert. Kinder brauchen die Möglichkeit, sich einer Beschäftigung so lange zu widmen, wie sie von ihr gefesselt sind, selbst wenn es Tage oder Wochen dauert.

In einer hektischen Kultur wie der unseren werden Kinder in ihren kreativsten Augenblicken, in denen sie sich anschicken, ein Gebiet wirklich zu erobern, immer wieder von Erwachsenen unterbrochen und abgewürgt. In der Schule läutet die Pausenglocke, und das Kind muß stehen- und liegenlassen, womit es gerade beschäftigt ist. Eltern verplanen die Zeit ihrer Kinder. So werden Kinder durchs Leben gehetzt, ohne sich nach ihrem eigenen Rhythmus entfalten zu können. Das ist der schlimmste Feind der Kreativität.«

Nicht nur bei Museumsausflügen geraten Erwachsene und Kinder mit ihren unterschiedlichen Zeitvorstellungen in Konflikt. Nehmen wir ein Kind, das in einem Sandhaufen spielt. Es füllt Sand in seinen Eimer und kippt ihn aus. Füllt ihn ein und kippt ihn aus... füllt ihn ein und kippt ihn aus.

»Der Vater möchte mit dem Zementieren weiterkommen und kriegt zuviel, als er die Tochter beobachtet«, sagt Lewin. »Der Erwachsene hat bei fast jeder Tätigkeit das Endprodukt vor Augen. Für ihn ist jede Tätigkeit, die ihn nicht direkt zu diesem Ziel führt, Zeitverschwendung und daher ein Ärgernis.«

Lob des Kritzelns

Etwas wirklich zu beherrschen – eines der wichtigsten Ziele der Kindheit – lernen wir, indem wir bestimmte Handlungen unermüdlich wiederholen. Das verlangt von uns, alle kleinen Teilschritte einzuüben, ohne uns um Ergebnisse zu kümmern. Wenn wir darauf verzichten, die Beschäftigungen eines Kindes zeitlich zu begrenzen, so ermöglichen wir ihm, die gleichen Dinge auf unterschiedliche Weise wieder und wieder durchzuspielen und sich auf diese Weise in dem, was es gerade versucht, zu vervollkommnen.

Die Wiederholung dient nicht nur der Vervollkommnung von Fertigkeiten, sie gibt dem Kind auch das Gefühl: Das ist meine Beschäftigung; sie ist ein Teil von mir. Auf die Dauer könnte das wichtiger für die Kreativität sein als der einfache Erwerb der technischen Fertigkeiten. So lernt das Kind nämlich, die Beschäftigung zu lieben.

Zum Beispiel zeichnen Kinder stundenlang Comic-Figuren auf Hefte, Bücher, Tische – überallhin. In den Augen von Lehrern und Eltern ist das meist eine sinnlose Ablenkung von wichtigeren Tätigkeiten. Das läßt sich auch anders sehen.

Vier Werkzeuge

Vier leistungsfähige Werkzeuge stehen Ihnen zur Verfügung, um Ihre Kreativität zu entwickeln:
• Glaube an Ihre Kreativität
• Verzicht auf Kritik
• Genaue Beobachtung
• Unvoreingenommene Fragen
Glaube ist ein schwieriges Wort. An etwas glauben, damit meinen wir hier: Sie sind bereit, sich unbedenklich auf etwas zu verlassen. Wenn Sie glauben, dann *wissen* Sie, daß Sie eine Kraft in sich haben, auf die Sie jederzeit zurückgreifen können. Eine solche Kraft kann Ihre Kreativität werden. Der Glaube macht die Kreativität im Alltag heimisch.

Im Brief an die Hebräer sagt Paulus (11,1): »Es ist aber der Glaube eine gewisse Zuversicht des, das man hofft, und Nichtzweifeln an dem, das man nicht sieht.« Wenn Menschen an ihre Kreativität glauben, legen sie oft eine Zielstrebigkeit an den Tag, die andere verblüfft.

Ein zweites Werkzeug ist der Verzicht auf Kritik. Dazu müssen Sie lernen, die skeptische innere Stimme zum Schweigen zu bringen, die Ihre Ideen zensiert, bevor sie ausgereift sind. Ihre ›Stimme der Kritik‹ (SDK) kann Sie daran zweifeln lassen, daß Sie überhaupt jemals eine brauchbare Idee zustande gebracht haben. Eine gute Methode, das abwertende Geschwätz der SDK zu beenden, sind die Atemübungen der Seiten 30-32.

Als drittes Werkzeug empfehlen wir genaue Beobachtung. Betrachten Sie die Welt mit den staunenden Augen eines Kindes und dem unbestechlichen Blick eines Wissenschaftlers. Alles, was Ihnen begegnet, müssen Sie mit geschärftem Bewußtsein aufnehmen.

Das vierte Werkzeug ist Ihre Fähigkeit und Bereitschaft, unvoreingenommene Fragen zu stellen. Nicht selten handelt es sich dabei um vermeintlich ›dumme Fragen‹. Dazu meint der Erfinder Paul MacCready: »Die einzige dumme Frage ist die Frage, die wir nicht stellen.«

Um Sie an den Umgang mit diesen Werkzeugen zu gewöhnen, haben wir eine Reihe von Übungen entwickelt, die Sie ganz nach Belieben praktizieren können. Sie müssen dazu lediglich eine bestimmte Richtlinie oder Maxime in Ihren Alltag aufnehmen. Wir bezeichnen diese Richtlinien als ›heuristische‹ Regeln – eine, wie wir finden, glückliche Wortwahl, weil ›heuristisch‹ die gleiche griechische Sprachwurzel hat wie der Ausruf ›Heureka‹, der seit alters her mit dem kreativen Augenblick verknüpft ist.

So können Sie, wenn Sie mit der heuristischen Regel ›Sei aufmerksam‹ leben (dazu bestimmt, die genaue Beobachtung zu unterstützen), das Wecksignal Ihrer Digitaluhr auf jede volle Stunde einstellen, damit Sie daran erinnert werden, auf alles, was um Sie herum vorgeht, mit geschärftem

73

Bewußtsein zu achten. Das soll Ihre gewohnte Einstellung durchbrechen, Sie aus dem üblichen Bewußtseinszustand aufschrecken, der Ihr Beobachtungsvermögen einschläfert. Solche Einstellungen können Sie auch durchbrechen (vor allem, wenn Sie den größten Teil Ihrer Zeit im Büro verbringen), indem Sie sich ein ruhiges Fleckchen in einem Park suchen. Setzen Sie sich einfach eine Zeitlang hin und lassen Sie alle Eindrücke auf Ihre Sinne wirken.

Weiter auf Seite 78

Das Capital Children's Museum bemühte sich in ganz Washington, Schüler zu finden, die ihre Lehrer zur Verzweiflung trieben, weil sie im Unterricht nichts anderes taten als zeichnen. Einige Dutzend dieser verhinderten Maler faßte das Museum in Comic-Kursen zusammen. Wie sich herausstellte, waren die vielen Stunden, die die Kinder damit zugebracht hatten, ihre Bücher und Hefte mit Comic-Figuren zu bekritzeln, keineswegs ›Zeitverschwendung‹, wie ihre Lehrer behaupteten, sondern ernstzunehmende Übungen, die in vielen Fällen durchaus zur Beherrschung der handwerklichen Fähigkeiten führten. Die Comic-Kurse lieferten einfach ein Umfeld, in dem die Übung sich auszahlte und das Handwerk Anerkennung fand.

Erfolgreiches Üben schafft Selbstvertrauen, den Glauben an die eigenen Fähigkeiten. Der Psychologe Albert Bandura von der Stanford University spricht in diesem Zusammenhang von *Selbstgewißheit (self-efficacy)* und meint das Gefühl, auch schwierigen Aufgaben gewachsen zu sein. Aus seinen Untersuchungen geht hervor, daß Menschen mit geringer Selbstgewißheit – erwartungsgemäß – ängstlich sind. Sie glauben nicht recht an sich und ihre Fähigkeiten und scheuen Risiken.

Wenn Menschen jedoch von ihren Fähigkeiten überzeugt sind, gehen sie neue Aufgaben mit einem Schwung an, der sich aus der Gewißheit erklärt, schon viele Aufgaben in Angriff genommen und gemeistert zu haben. Sie zehren von den Leistungen, auf die sie zurückblicken können – reiten, Klavier spielen, quadratische Gleichungen lösen, Gedichte schreiben, in einem

Theaterstück spielen und so fort. Unbekanntes empfinden sie als Herausforderung und nicht als Bedrohung. Sie genießen das Risiko und versuchen sich auch an völlig neuen und eigenwilligen Lösungen.

Selbstvertrauen hängt auch davon ab, ob das Kind das Gefühl hat, daß die Erwachsenen – Eltern und Lehrer – seine Fähigkeiten schätzen. Ständige Kritik oder ständige Gleichgültigkeit gegenüber den Leistungen eines Kindes können die Selbstgewißheit selbst des fähigsten Kindes untergraben. Statt Selbstvertrauen zu entwickeln, wird es von Selbstzweifeln und Unsicherheit geplagt. Sein Leben lang wird es diese Stimme hören, das Echo der herabsetzenden Bemerkungen aus der Kindheit.

Kurz, wenn sich der Geist der Kreativität zu entfalten beginnt, ist er auf Ermutigung angewiesen und verkümmert unter dem Einfluß allzu herber Kritik. Durch die Bewältigung von Aufgaben erwirbt das Kind Selbstvertrauen. Auch die Gewißheit, daß seine Leistungen Anerkennung finden, trägt dazu bei. Man sollte die Bemühungen eines Kindes immer an seinen eigenen Maßstäben messen und ihm nicht das Lob vorenthalten, daß es braucht, um sich weiterzuentwickeln.

Kinder sind keine kleinen Erwachsenen

»Kinder sind keine kleinen Erwachsenen«, sagt der Zeichner Chuck Jones, Schöpfer von Wile E. Coyote, Road Runner und einer Vielzahl anderer bekannter Comic-Figuren. »Aber sie haben einen durchaus ernsthaften Job zu erledigen: spielen, experimentieren und viele unterschiedliche Dinge ausprobieren.

Wenn die Mutter sagt: ›Sei leise, Junge, Papa ist müde. Er hat den ganzen Tag gearbeitet‹, könnte der Knabe mit gutem Recht antworten: ›Und ich habe den ganzen Tag gespielt.‹ Er ist von Beruf Kind, genauso wie ein Arzt von Beruf Arzt ist. Und das

Kind neigt zu Fehlern wie der Arzt, wenn er seine Zange im Patienten vergißt.«

Da Kinder zwangsläufig Fehler begehen, sollten sich Eltern in ihrer Kritik sehr zurückhalten. Wenn das Kind ständig kritisiert wird, kann sich seine Kreativität nicht entwickeln. Allerdings kann die falsche Art von Lob ebenso großen Schaden anrichten. »Elternliebe sollte nicht wie eine Quelle, sondern wie ein Brunnen sein. Wenn sie sich ständig über das Kind ergießt, verliert sie ihre Wirkung. Sie sollte nur dann zum Ausdruck kommen, wenn das Kind sie braucht. Dann entspricht sie allerdings weniger dem Bedürfnis der Eltern als dem der Kinder.

Auf diese Art habe ich die Liebe meiner Eltern erlebt. Nehmen wir an, ich hatte ein Bild gemalt, auf dem in viel Blau ein paar komische kleine Figuren zu sehen waren. Wenn ich es meiner Mutter zeigte, sagte sie nicht etwa: ›Was soll denn das sein?‹, sondern: ›Toll, da hast du aber viel Blau verwendet, nicht?‹« Statt Kritik zu äußern, gibt dieser Kommentar ehrlich wieder, was das Kind geleistet hat. »Zu jeder Kinderzeichnung lassen sich Dinge anmerken, die nichts mit Beurteilung zu tun haben«, sagt Jones.

»Eltern, die keine Ahnung von Kunstkritik haben, denken sich nichts dabei, die Bilder ihrer Kinder zu kritisieren. Genauso schlimm ist es, wenn die Mutter jede Zeichnung, mit der ihre Tochter ankommt, an die Kühlschranktür klebt und sagt: ›Was für ein phantastisches Bild!‹

Natürlich ist es nicht in jedem Fall so toll, und wenn Sie andauernd ›phantastisch‹ sagen, fängt das Kind an, Ihnen insgeheim zu mißtrauen, denn es weiß, daß seine Bilder nicht immer phantastisch sind.«

Was geschieht, wenn Eltern sich als Kunstkritiker aufspielen, erläutert Chuck Jones in dem folgenden Beispiel. Nehmen wir an, ein kleines Mädchen zeichnet ein Bild mit einer Blume.

»Das ist wirklich keine schlechte Zeichnung«, sagt Jones. »Aber die meisten Eltern glauben, daß sie zur Kritik verpflichtet sind.

Also sagt der Vater: ›Wer ist das? Bist du das?‹
Und das kleine Mädchen sagt: ›Ja.‹
Daraufhin der Vater: ›Aber die Blume ist größer als du.‹
Das ist absolut tödlich. Denn wenn der Mensch etwas entdeckt – etwas ins Auge faßt, was er noch nie zuvor gesehen hat –, dann erscheint es ihm größer als er selbst. Es ist riesig. Wie Ameisen. Ameisen sind toll. Man beugt sich zur Erde nieder, schaut zwischen den Grashalmen hindurch und erblickt diese riesigen Viecher. Vielleicht hat das Kind zum erstenmal mit Bewußtsein eine Blume wahrgenommen. Dann ist sie ungeheuer groß.

Wieder der Vater: ›Und was ist das hier?‹ Das Kind: ›Das bin ich. Ich tanze.‹ Und der Vater: ›Ja, aber du hast nur einen Ellenbogen, nicht drei oder vier.‹

Was für ein Mist! Achten Sie mal darauf, wenn Sie tanzen. Dann haben Sie wirklich zehn Ellenbogen und vierzehn Knie und Knöchel, soviel Sie wollen.

Wenn Ihnen Ihr Kind also das nächstemal eine Zeichnung bringt, dann betrachten Sie sie genau und überlegen Sie, worin sie sich von anderen Bildern unterscheidet. Und schauen Sie nicht nur auf die Zeichnung, sondern auch auf das Kind. Wenn es stolz auf sein Bild ist, dann dürfen Sie es ruhig darin bestärken – Ihr Kind wird es Ihnen danken.

Aber wenn es unglücklich ist, sagen Sie nicht: ›Ist ja toll!‹ Das hilft ihm nicht. Es weiß genau, daß das Bild nicht toll ist. Vielleicht ist es nicht enttäuscht, doch täuschen läßt es sich bestimmt nicht.«

Lust statt Leistungsdruck

Zur Kreativität gehört, daß wir Freude an unserer Beschäftigung haben. Wenn Kinder eine kreative Tätigkeit erlernen, kommt es nicht nur darauf an, daß sie ›es richtig machen‹. Genauso wichtig – wenn nicht wichtiger – ist es, daß ihnen die

Glauben Sie an Ihre Kreativität

Kreativität erwächst aus inneren Kräften, die Sie in reichlichem Maß besitzen. Wenn Sie an Ihre Kreativität glauben, so heißt das, daß Sie an bestimmte Kräfte glauben, die Ihnen zu Gebote stehen. Dazu gehört die Intuition, die Fähigkeit, etwas unmittelbar zu erkennen, ohne darüber nachzudenken. Häufig erleben wir Intuition als Ahnung oder blitzartige Eingebung.

Eine andere Kraft ist der Wille, die Energie, die Sie zur Verwirklichung Ihrer Ziele mobilisieren können. Kreative Menschen haben häufig ein ausgeprägtes Sendungsbewußtsein, das sie vorwärtstreibt, selbst wenn die Situation aussichtslos erscheint. Eine dritte Kraft ist die Freude, das reine Vergnügen an einer bestimmten Tätigkeit, das oft Lohn genug ist.

Häufig ist im Zusammenhang mit Kreativität von entscheidenden Durchbrüchen die Rede. Um die Mauer von Furcht und

Freude an der Tätigkeit erhalten bleibt. Was zählt, ist Vergnügen, nicht Vollkommenheit.

Beispielsweise haben viele Eltern den Wunsch, daß sich ihre Kinder irgendeine musikalische Fertigkeit aneignen. Vielleicht bedauern die Eltern, daß sie selbst kein Instrument spielen, und möchten ihren Kindern dieses Manko ersparen. Und so beginnt das Kindheitsritual der Musikstunden.

Leider bleiben allzu viele Wünsche unerfüllt: Ein paar Monate, vielleicht auch Jahre nimmt das Kind Stunden, dann verliert es jegliches Interesse. Es hat keine Lust mehr zu den Klavierübungen, die Posaune ist langweilig, die Geige der reine Frust.

Statt das Kind zu zwingen, sollte man sich nach ihm richten. Die folgende Geschichte hat uns Teresa Amabile erzählt: »Freunde von mir, die in Kalifornien leben, wollten zwar gern, daß ihr Kind Klavier spielt, befürchteten aber, damit unter Umständen jede musikalische Neigung ihrer Tochter zu ersticken, da es ihnen einst selbst so ergangen war, als sie zum Klavierunterricht gezwungen worden waren.

Sie fingen es sehr geschickt an und mieteten ein Klavier. Damit vermieden sie eine größere finanzielle Ausgabe, die häufig ein Teil des Problems ist. Oft endet es nämlich damit, daß Eltern, die sich zu dieser Ausgabe aufgerafft haben, ihren Kindern erklären: ›Ein für allemal, du übst! Weißt du eigentlich, was wir für das Klavier bezahlt haben?‹ Da meine Freunde es nur gemietet hatten, standen sie nicht unter diesem Druck. Ihre Tochter war sieben und durfte bei der Auswahl des Klaviers mitentscheiden, wodurch sie sich von vornherein beteiligt fühlte. Als das Klavier ins Haus kam, war von Unterricht keine Rede. Sie sagten nur: ›Onkel Louie spielt Klavier, und er kommt uns so oft besuchen. Da ist es schön, wenn wir eins haben. Er kann dann spielen, und wir singen dazu.‹

Und was ist ein Klavier für ein Kind dieses Alters? Ein Riesenspielzeug. Die Tochter konnte die Hände nicht davon lassen. Pausenlos saß sie an dem Instrument und schlug in die Tasten. So ging das eine ganze Zeit, bis das Klavier schließlich zu einem höchst begehrten Objekt geworden war. Da ihr Spiel ziemlich lärmend war, wurde es ihr nämlich nur zu bestimmten Tageszeiten gestattet. Und sie fieberte dem Augenblick entgegen, bis sie endlich spielen durfte.

Irgendwann merkte sie, daß sie keine Musik damit machte – nur Lärm. Deshalb bat sie die Eltern, ihr ein Lied auf dem Klavier zu zeigen. Aber die sagten: ›Tut uns leid, wir können nicht Klavier spielen.‹ Sie versuchte selbst, sich Lieder beizubringen, und scheiterte kläglich. Immer wieder fragte sie: ›Warum kann

Skepsis zu durchbrechen, die Sie aufzuhalten droht, brauchen Sie eine vierte Eigenschaft: Mut. Zur Kreativität gehört die Bereitschaft, die nötigen Risiken einzugehen. Mut ist erforderlich, damit Sie Ihre Intuition und Willenskraft einsetzen können.

Eine letzte Voraussetzung ist Einfühlungsvermögen. Sie brauchen es, damit Sie mit anderen zusammenarbeiten und ihre Mühe würdigen können, selbst wenn das Ergebnis unbefriedigend ist. Auf die eigene Person angewendet, bringt das Einfühlungsvermögen die Stimme der Selbstkritik zum Schweigen, die die Risikobereitschaft mindert. Halten Sie einen Augenblick inne und überlegen Sie sich, wie Ihr Leben aussähe, wenn Sie nur einige dieser kreativen Kräfte richtig nutzen würden.

Affirmation Ihrer kreativen Kräfte

Vermutlich kennen Sie die psychologische Technik: Man ruft ein Vorstellungsbild der Handlung auf, die man auszuführen gedenkt, bevor man sie tatsächlich ausführt. Sportler der verschiedensten Disziplinen – Tennisspieler, Golfspieler, Gewichtheber, Skiläufer – bedienen sich ihrer in den verschiedensten Spielarten. Im wesentlichen läuft es aber immer darauf hinaus, daß sie ihr Tun visualisieren, bevor sie es tatsächlich in Angriff nehmen. Durch bestimmte Schlüsselwörter oder Vorstellungsbilder mobilisieren sie ihre Willenskraft und affirmieren – bekräftigen – ihre Absicht. In ähnlicher Weise kann Ihnen diese Übung helfen, Ihre Kräfte zu mobilisieren und sie für die Lösung eines Problems zu nutzen.

Diese Übung wird sicherlich nicht augenblicklich Lösungen produzieren, aber bei regelmäßiger Befolgung wird Sie Ihre Offenheit für neue Ideen erhöhen.

☞ Setzen Sie sich bequem hin, den Rücken gerade und die Hände entspannt. Schließen Sie die Augen und tun Sie einige tiefe Atemzüge. Atmen Sie dann wieder normal. Achten Sie auf die Intervalle zwischen den Atemzügen. Lassen Sie Ihre Gedanken kommen und gehen, ohne weiter auf ihnen zu beharren. Rücken Sie jetzt ein Problem, das für Sie von Be-

ich nicht solche Lieder lernen, wie Onkel Louie sie spielt?‹ Und ihre Eltern sagten: ›Weißt du, dazu brauchst du einen Klavierlehrer.‹ Da begann sie ihre Eltern mit dem Wunsch nach einem Klavierlehrer zu löchern.

Als allen Beteiligten klar war, daß sie es wirklich wollte, durfte sie mit dem Klavierunterricht beginnen. Und er machte ihr großen Spaß.«

Sich heimisch fühlen

Stellen Sie sich ein Haus vor, in dem die Wohnzimmertür mit Graffiti bedeckt ist (zum Beispiel ›HAUSAUFGABEN SIND KACKE‹, geschrieben von Kinderhand in verschiedenen Schrifttypen), eine Neonschrift, die in grellem Licht ›Boah-Öij‹ verkündet, die Badezimmerwände mit verrückten Postkarten bedeckt und eine Zimmertür mit bunten Abziehbildern übersät. Außerdem beherbergt das Haus noch Dutzende von Brettspielen, Hunderte von Büchern, eine Eidechse und einen Fisch, ein elektrisches Klavier, zwei Katzen und zwei Hunde, einen Computer, eine Gitarre, ein Quartett von Einsiedlerkrebsen und ein Knäuel Schlangen.

Exzentrisch? Vielleicht, aber gar nicht so ungewöhnlich für Familien mit lebhaften, neugierigen Kindern. Diese spezielle Aufzählung beschreibt die häusliche Umgebung von Jason Brown, der im Alter von elf Jahren ein Theaterstück mit dem Titel *Tender Places* geschrieben und damit einen Wettbewerb für junge Autoren gewonnen hat. Später wurde es sogar fürs Fernsehen inszeniert.

Den Katalog dieser Wohnaccessoires hat Teresa Amabile aufgestellt, als sie die Familie Brown besuchte, um festzustellen, wie die häusliche Umgebung aussieht, in der sich eine derartige Kreativität entfaltet. Sie fand eine Wohnung vor, die mit ungewöhnlichen und merkwürdigen Dingen vollgestopft war und dem Wunsch nach kreativer Entfaltung eine Vielzahl von Ausdrucksmitteln bot. Jasons häusliche Umgebung ist ein Musterbeispiel für die Abwechslung und Vielfalt, die dem Geist der Kreativität besonders zuträglich sind.

Doch eine anregende physische Umgebung reicht beileibe noch nicht aus. Amabile – und viele andere Wissenschaftler – haben beobachtet, daß kindliche Kreativität offenbar auch von bestimmten *Einstellungen* abhängt. In kreativen Familien herrscht ein besonderes Klima. Dort scheint es mehr Spielräume zu geben. Die Eltern gewähren ihren Kindern ein erstaunliches Maß an Freiheit. Unter Umständen helfen sie dem Kind sogar, seinen kreativen Impulsen nachzugehen. Nehmen wir folgenden Fall:

Wir haben die fünfziger Jahre. In einer

deutung ist, in den Mittelpunkt Ihres Bewußtseins. Vergegenwärtigen Sie sich das Problem ohne Kritik und Emotion. Es befindet sich einfach dort, vor Ihrem geistigen Auge. Sagen Sie jetzt ruhig – oder nur mit der inneren Stimme: »Meine Intuition kennt schon die kreative Lösung des Problems.« Lassen Sie diesen Gedanken auf sich wirken. Bilden Sie sich ein, Sie spürten sogar die latente Energie Ihrer Intuition.
Atmen Sie einen Augenblick lang normal. Fahren Sie nun mit der nächsten Affirmation fort: »Tief in meinem Inneren, im Zentrum meines Körpers, befindet sich ein absolut fester Wille, die Voraussetzung für alles, was ich tun kann, um dieses Problem zu lösen.«
Atmen Sie einen Augenblick lang normal. Fahren Sie nun mit der nächsten Affirmation fort: »In mir ist die Fähigkeit zur Freude. Ich lasse mich von der Woge dieser Freude zur Lösung des Problems tragen.«
Atmen Sie einen Augenblick lang normal. Fahren Sie nun mit der nächsten Affirmation fort: »Ich habe den Mut zu allem, was zur

Lösung des Problems erforderlich ist.« Bleiben Sie ruhig sitzen und spüren Sie die Gegenwart Ihres Mutes. Affirmieren Sie schließlich Ihr Einfühlungsvermögen: »Mein Einfühlungsvermögen gestattet mir, mich in andere hineinzuversetzen, ihnen ihre – und meine – Fehler bei der Lösung des Problems nachzusehen.« Wenn Ihnen die Vorstellungsbilder Ihrer Kräfte ins Bewußtsein dringen, dann gestatten Sie Ihrer Aufmerksamkeit, bei dem Problem zu verweilen. Versuchen Sie nicht, es zu lösen, sondern geben Sie es einfach weiter, überlassen Sie es den Kräften, von deren Wirksamkeit Sie sich soeben selbst überzeugt haben. Wenn Sie damit fertig sind, öffnen Sie die Augen. ☞ Es wird Ihnen nicht leichtfallen, sich diese Kräfte ständig bewußtzumachen, wenn Sie Ihrem Tagwerk nachgehen. Wenn Sie das Gefühl haben, Sie müßten Ihre ›Batterien aufladen‹, dann gehen Sie die Affirmationen noch einmal durch. Im übrigen ist der Wortlaut der Affirmationen kein heiliger Text, sondern bringt nur einen bestimmten Gedanken zum Ausdruck. Es steht Ihnen

Küche öffnet eine Frau Konservendosen und füllt ihren Inhalt in einen Dampfkochtopf. Ihr Sohn ist Pfadfinder und möchte sich eine Auszeichnung fürs Filmen verdienen. Der Vater hat ihm eine Super-8-Kamera geschenkt, und der Sohn hat einen Einfall gehabt: Ein Horrorfilm soll es werden.

Für eine Einstellung braucht er roten, blutig aussehenden Schleim, der von den Küchenschränken tropft. Deshalb ist seine Mutter in den Supermarkt gefahren, hat dreißig Dosen Kirschen gekauft und kippt die Kirschen jetzt in den Dampfkochtopf, um aus ihnen einen köstlichen roten Schleim zu kochen.

Sie gehört nicht zu den Müttern, die sagen: »Geh draußen spielen, ich will den Kram nicht im Haus haben.« Ganz im Gegenteil. Sie läßt ihm freie Hand, als er das Haus in ein Filmstudio verwandelt – Möbel umstellt und ganze Bereiche mit Tüchern verhängt. Sie hilft ihm beim Schneidern der Kostüme und spielt in seinen Filmen sogar mit. Als er eine Wüstenszene braucht, fährt sie ihn im Familienjeep in die Wüste.

Sehr viel später erinnerte sie sich, daß sie nach der Blutschleim-Szene in der Küche noch jahrelang Kirschen in den Schränken fand.

Ihr Sohn hieß – Steven Spielberg.

Amabile führt Spielbergs Mutter als Beispiel für Eltern an, die die Begabung und Neigung ihrer Kinder fördern: »Stellen Sie sich vor, wie das auf Sie wirken würde, wenn Sie ein Kind wären. Sie sind von etwas begeistert, fangen gerade an, bestimmte Fähigkeiten zu zeigen, und dann haben Sie eine Mutter, die Ihnen ermöglicht, diese Fähigkeiten nach Belieben zu entfalten – selbst wenn Sie dabei das ganze Haus auf den Kopf stellen.«

frei, diesen Gedanken auf jede Art zu formulieren, die Sie besser anspricht.

Weiter auf Seite 137

Vielen Eltern fällt das nicht leicht. »Von meiner eigenen Tochter Christene habe ich in bezug auf die Kreativität vor allem gelernt, daß man sich vor jeder Form von Bevormundung hüten und dem Kind seine Freiräume lassen muß«, sagt Amabile.

»Als sie noch ganz klein war, zwei oder drei Jahre alt, saß sie oft mit irgendwelchen Spielsachen oder Spielen da und versuchte, sie in einer Weise zusammenzusetzen oder zu benutzen, die offenkundig falsch war: So ›sollte‹ das Spiel nicht benutzt oder zusammengesetzt werden. Also mischte ich mich ein und sagte: ›Nicht doch, Süße, guck mal, so geht das.‹ Kaum hatte ich das gesagt, verlor sie jegliches Interesse.

Ganz anders, wenn sie sich selbständig mit den Sachen auseinandersetzen konnte. Ich ließ einfach verschiedene Dinge herumliegen, verlockende Dinge, die sie in die Hand nehmen, sich ansehen und ausprobieren konnte. Und ich stand ihr zur Verfügung, wenn sie Fragen hatte. Aber ich nahm mich ein bißchen zurück.

»Du wirst es nie zu etwas bringen«

Der Jazzmusiker und Komponist Benny Golson erinnert sich, daß er der Musik schon in jungen Jahren leidenschaftlich zugetan war und ihr zuliebe fast alles andere vernachlässigt hat: »Ich hatte keine Hobbys. Ich ging nicht zum Baseball. Ich tat nichts, was die andern Jungs taten, weil ich zu Hause saß und herauszufinden versuchte, was es mit dieser Sache auf sich hatte, die Musik hieß. Einmal hat mich ein Freund besucht, als ich gerade eifrig übte. Er wollte was unternehmen, und ich wollte weiter üben. Als er ging, machte er eine ziemlich abfällige Bemerkung. Daß ich es sowieso zu nichts bringen würde und meine Zeit verschwendete. Was er nicht wußte: Ich *mußte* es tun.«

83

Da sah ich, daß sie neue Methoden entdeckte, sich mit Spielen und Spielsachen zu beschäftigen. Vielleicht war es nicht die Art, wie mit den Dingen eigentlich gespielt werden sollte. Aber das Kind war kreativ.«

Intelligenz –
ein revolutionäres Konzept

Wenn Eltern die Kreativität ihrer Kinder fördern, werden sie entdecken, was Psychologen heute allgemein bestätigen: Die meisten Kinder haben eine natürliche Begabung, eine Neigung zu einer bestimmten Beschäftigung.

Nach einer weitverbreiteten, aber umstrittenen Auffassung ist Kreativität eine besondere Fähigkeit zu Originalität, die sich in allem äußert, was ein kreativer Mensch unternimmt – eine Fähigkeit, die sich in Tests ermitteln und quantifizieren läßt. Dieser Kreativitätsbegriff wird zunehmend in Frage gestellt. Heute bezweifeln viele Psychologen, daß sich die Kreativität eines Kindes mit einem herkömmlichen schriftlichen Test bestimmen läßt, dank dem man dann einem kleinen Jungen oder Mädchen analog zum IQ, zum Intelligenzquotienten, einen ›Kreativitätsquotienten‹ zuweisen kann.

Beispielsweise gehört zu den häufigsten Kreativitätstests in Schulen die Frage:»Wie viele Verwendungsweisen fallen dir dazu ein?« Dabei zeigt man dem Kind ein Schrottauto oder andere alltägliche Gegenstände. Bewertet wird der Test nach der Anzahl der Anworten, dem Grad ihrer Ungewöhnlichkeit und der Anzahl der Einzelheiten. Wer eine lange Liste außerordentlich origineller, detailliert beschriebener Verwendungsweisen für den Gegenstand nennen kann, erzielt einen hohen Wert in ›Kreativität‹.

Doch viele Pädagogen und Psychologen, unter ihnen auch Howard Gardner, stehen solchen Kreativitätsmaßen skeptisch gegenüber. Statt sich auf einen einzigen Kreativitätstest zu verlassen, sollte man nach Gardners Auffassung lieber untersuchen, wie Kinder auf eine Vielfalt von Materialien reagieren, die verschiedene Fähigkeitsbereiche ansprechen, wie etwa Musik, Tanz und zwischenmenschliche Beziehungen. Durch diese Methode läßt sich vermeiden, Kreativität mittels eines Tests zu messen, der sich in Wirklichkeit an den sprachlichen Fähigkeiten orientiert. So gesehen, ist das direkte Bewertungsverfahren ein ›intelligenzgerechtes‹ Verfahren zur Kreativitätsermittlung – es mißt nicht eine Form der Kreativität durch Methoden, die ganz andere Fähigkeiten verlangen.

Selbst mit einfachen Gegenständen, die im Haus vorhanden oder in jedem Supermarkt zu haben sind, können Eltern sich einen Eindruck von den besonderen Interessen und Fähigkeiten ihres Kindes verschaffen. Wenn sie dem Kind eine Reihe von Beschäftigungen anbieten und es ihm selbst überlassen, welchen es sich zuwendet, werden sich Neigungen und keimende Talente von allein zeigen.

Die sieben Intelligenzen

Ganz wesentlich gehört zur Definition der Kreativität nicht nur, daß sie originell und nützlich ist, sondern auch, daß sie in einem bestimmten Bereich auftritt. Legt man diese Auffassung zugrunde, ist es natürlich wichtig, daß man erkennt, auf welchem Gebiet sich die Neigung oder Begabung eines Kindes zeigt.

Gardner hält es für sinnvoll, von verschiedenen ›Intelligenzen‹ auszugehen. Nach seiner Auffassung entfaltet sich die Kreativität eines Menschen auf der Grundlage seiner Intelligenz. Ein Kind wird auf den Gebieten am kreativsten sein, auf denen seine Stärken liegen. Sieben primäre Intelligenzen unterscheidet Gardner:

Sprache

Sprachliche Intelligenz ist die Gabe der Dichter und Lyriker, Schriftsteller und Redner – der Menschen, die die Sprache in jeder ihrer Erscheinungsformen schätzen, von James Joyce und

Vladimir Nabokov bis hin zu den Meistern des Rap. Um die sprachlichen Fähigkeiten eines Kleinkinds zu ermitteln, können Sie es beispielsweise auffordern, Geschichten zu erfinden. Mit selbstgebastelten Brettspielen, Puppen, Spielzeugfiguren und kleinen Haushaltsgegenständen lassen Sie imaginäre Schauplätze entstehen, geheimnisvolle Orte wie Höhlen und Sümpfe, und bevölkern sie mit Königen, Königinnen und wilden Tieren. Dann stellen Sie Ihrem Kind eine Frage: Wie lockt der Bär den König in die dunkle, einsam gelegene Höhle? Daraufhin erfindet das Kind eine Geschichte, die das Geschehen erklärt. Nicht alle Kinder können oder wollen eine Geschichte zu Ende erzählen. Doch wenn sie es tun, beobachtet Gardner, wieviel Phantasie sie dabei entwickeln, ob sie lautmalende Wörter oder rhetorische Mittel verwenden oder ob sie sich mit einfallslosen Wortfolgen und schematischen Handlungsverläufen zufriedengeben. »Einige Kinder, die sich nicht von den Phantasieelementen dieser Geschichten gefangennehmen lassen, erweisen sich als ziemlich tüchtige Reporter – sie setzen ihre sprachlichen Fähigkeiten dazu ein, ihre Beobachtungen exakt und nüchtern wiederzugeben. Vielleicht arbeiten sie eines Tages für die Tageszeitung ihrer Stadt.«

Mathematik und Logik

Diese Intelligenzart zeigt sich bei Wissenschaftlern, Mathematikern und anderen Menschen, deren Leben und Arbeit von der Logik bestimmt werden. Seit Sokrates erfreut sie sich im Westen besonderer Anerkennung und hat im Computerzeitalter noch an Prestige gewonnen. Die meisten Intelligenztests legen besonderen Nachdruck auf die Logik, jene Fähigkeit, die Philosophen und Gelehrte wie Descartes und Newton auszeichnet. Gardner meint, diese Begabung lasse sich unter anderem dadurch ermitteln, daß man Kindern die Möglichkeit gebe, einfache Hypothesen zu überprüfen. Zum Beispiel zeigt Gardner Kindern, daß eine dritte Farbe entsteht, wenn man zwei Stoffe von unterschiedlicher Farbe zusammengießt. Anschließend beobachtet er, ob die Kinder dem Problem von sich aus weitere Aufmerksamkeit schenken – ob sie beispielsweise versuchen, andere Farbmischungen herzustellen, und ob sie sich hinterher überlegen, wie sie eine bestimmte Mischung erzielt haben. Das wäre dann ein Hinweis darauf, daß sie eine Neigung zum logischen Denken haben.

Bei der Einschätzung der Rechenfähigkeit gilt es festzustellen, ob das Kind über ein intuitives Zahlenverständnis verfügt. Fragen wie ›Was ist zwei plus drei?‹ sind ungeeignet. Doch einige Brettspiele sind sehr aufschlußreich für das Zahlenempfinden des Kindes.

»In unseren Untersuchungen verwenden wir ein Brettspiel, bei dem das Kind gegen den Versuchsleiter gewinnt, wenn es vom Kopf zum Schwanz des Dinosauriers gelangt«, erläutert Gardner. »Eigentlich handelt es sich um ein Strategiespiel, denn das Kind wirft nicht nur die eigenen Würfel, sondern darf auch die Würfel des Versuchsleiters beliebig legen. Wenn ein Kleinkind in der Lage ist, die Würfel so zu legen, daß es immer gewinnt und der Versuchsleiter immer verliert, dann beweist es damit logische und mathematische Fähigkeiten.«

Musik

Kinder, die mit musikalischer Intelligenz begabt sind, fühlen sich meist von der Welt der Töne angezogen, versuchen, Tonfolgen hervorzubringen, die ihnen gefallen, oder fragen immer wieder, ob sie nicht ein Instrument spielen dürfen. Bei einem Wunderkind wie Mozart tritt diese Fähigkeit früh und unübersehbar zutage. Aber auch normale Berufsmusiker berichten oft, daß sie sich schon in der Kindheit zu ihrem Metier hingezogen fühlten.

Die häuslichen Musikerfahrungen von Kindern sind häufig auf den Radio- und Fernsehapparat beschränkt. Gardner empfiehlt, Kindern die Möglichkeit zu geben, mit Tönen zu experimentieren und sich eigene Melodien einfallen zu lassen. Beispielsweise gibt es ein spezielles Glockenspiel, das die einflußreiche Pädagogin Maria Montessori entwickelt hat. Dazu Gardner: »Durch das Spiel mit den Glocken erkunden Kinder die Welt der Töne und lernen, welche Glocken wie klingen: welche höhere Töne, welche tiefere Töne, welche die gleichen und welche andere Töne erzeugen. Welche erschreckend und welche faszinierend klingen. Und dann können sie ausprobieren, ob ihnen eigene kleine Melodien gelingen.«

Räumliches Denken

Räumliches Denken ist das Verständnis für die Orientierung, die Ausrichtung, der Dinge im Raum. Dazu gehört die Fähigkeit, visuell-räumliche Beziehungen einzuschätzen – sowohl der Objekte, die sich unmittelbar vor uns befinden, was zum Beispiel den Bildhauer auszeichnet, als auch der Objekte, die ein sehr viel größeres Blickfeld einnehmen, was wir vom Piloten im Cockpit eines Flugzeugs erwarten.

Eines der frühesten Anzeichen für diese Fähigkeit ist der geschickte Umgang mit Bauklötzen. Ein anderes das Vermögen des Kindes, sich vorzustellen, wie ein Gegenstand von verschiedenen Seiten aussieht – sehr hilfreich, wenn wir mechanische Geräte auseinandernehmen und zusammenbauen. Sich in unübersichtlichem Gelände zurechtzufinden – ein guter Orientierungssinn –, ist eine weitere räumliche Begabung.

Nicht selten kommen Kinder, deren Schulleistungen sehr zu wünschen übriglassen, glänzend mit mechanischen Objekten zurecht. Gibt man ihnen einen Wecker oder ein anderes mechanisches Gerät in die Hand, untersuchen sie es, finden heraus, wie man es auseinandernimmt, und setzen es wieder zusammen.

Wenn ein Kind hohe räumliche Intelligenz besitzt, läßt sich daraus nicht schließen, so Gardner, ob aus dem Kind ein Wissenschaftler oder Künstler wird, wohl aber, was für eine *Art* von Wissenschaftler oder Künstler es eines Tages sein könnte.

Einstein verfügte über ganz außergewöhnliche räumliche Fähigkeiten. Sie ermöglichten ihm zum Beispiel das ›Gedankenexperiment‹, in dem er sich vorstellte, er ritte auf einem Lichtstrahl. Daraus entwickelte er die Relativitätstheorie. Auch Leonardo da Vincis räumliche Intelligenz war sehr ausgeprägt. Das belegen nicht nur seine Bilder, sondern auch seine anatomischen Studien und die Maschinen, die er entworfen hat – unter anderem Panzer und Flugmaschinen. Zwar hat er daneben noch Gedichte und Lieder geschrieben, aber, so sagt Gardner, seine Lieder singt heute niemand mehr.

Bewegung

Auf den ersten Blick mag es merkwürdig erscheinen, den Körper als den Sitz einer eigenen Intelligenzart zu bestimmen. Schließlich legt die abendländische Tradition großen Wert auf die Unterscheidung von Leib und Seele. Doch Gardner hält die Fähigkeit, mit dem ganzen Körper oder Teilen des Körpers (etwa der Hand) Probleme zu lösen oder Dinge anzufertigen, für eine Tätigkeit, die intellektuell genauso anspruchsvoll ist wie die Analyse von ursächlichen Beziehungen.

Dem Basketballstar Michael Jordan und der verstorbenen Tänzerin Martha Graham ist ein geniales Bewegungstalent, eine hohe *kinästhetische* Intelligenz, gemeinsam. Auch Chirurgen und Handwerker nutzen den ganzen Körper oder Teile des Körpers zur Herstellung von Produkten und zur Problemlösung.

Bewegungsintelligenz bei Kindern äußert sich meist als körperliche Problemlösung – indem sie Fußballmannschaften zum Sieg führen, sich als Cheerleader neue Choreographien einfallen lassen oder kunstvolle Holzschnitzereien anfertigen. Oft profitieren solche Kinder auch später von der Intelligenz ihres Körpers und werden erfolgreiche Sportler, Tänzer, Schauspieler oder Töpfer.

Interpersonale Intelligenz

Wie wir gewohnt sind, den Körper vom Geist zu trennen, so sind wir geneigt, Intelligenz eher in der Welt der Ideen als in der Welt der Menschen anzusiedeln. Dabei ist die Fähigkeit, andere Menschen zu verstehen – was sie motiviert, wie sich am besten mit ihnen zusammenarbeiten läßt, wie man sie führt, ihnen folgt oder für sie sorgt –, entscheidend für das Leben und den Erfolg in einer sozialen Umwelt.

»Traditionelle Intelligenztests lassen das Verständnis für andere Menchen außer acht«, sagt Gardner, »vielleicht weil die Wissenschaftler, die diese Tests entworfen haben, meist einsame Denker waren. Wären die Intelligenztests jedoch von Politikern oder Geschäftsleuten entwickelt worden, hätte diese Intelligenzform sicherlich ganz oben auf der Liste gestanden. Schon bei ganz kleinen Kindern ist eine besondere Empfänglichkeit für andere Menschen unübersehbar. Hingebungsvoll beobachten sie andere Kinder und verstehen es geschickt, das Verhalten anderer zu ihrem Vorteil zu beeinflussen.«

Täglich zeigt sich diese Intelligenz darin, wie das Kind mit Gleichaltrigen und Erwachsenen zurechtkommt. Beim Spielen, Musizieren oder Geschichtenerzählen lassen viele Kinder erkennen, in welchem Maße sie über diese Fähigkeit verfügen. Ein Indiz ist die natürliche Eignung für die Führungsrolle – deutliche Einflußnahme auf die Entscheidungen einer Kindergruppe und die Fähigkeit, mäßigend und schlichtend auf die Gruppe einzuwirken.

Zur interpersonalen Intelligenz gehört auch, daß man andere Menschen versteht – daß man weiß, welche Motive sie bewegen, was sie empfinden und wie man mit ihnen auskommen kann. Ein Kind, das auf diesem Gebiet eine besondere Begabung hat, kann zum Beispiel ungewöhnliches Mitgefühl für ein anderes Kind aufbringen, das hingefallen ist und sich weh getan hat oder das eine Fünf geschrieben hat. Im Erwachsenenleben ist diese Intelligenz eine entscheidende Voraussetzung für besondere Leistungen auf Gebieten wie Verkauf, Politik, Therapie und Unterricht.

Ungewöhnliche Kreativität in diesem Bereich kann auch soziale Massenbewegungen auslösen. Der indische Staatsmann Gandhi entwickelte eine Strategie des gewaltlosen passiven Widerstands, der am Ende die englische Kolonialmacht aus Indien vertrieb. Dieser Kreativität verdanken auch mutige Menschen wie Martin Luther King und die chinesischen Studenten auf dem Platz des Himmlischen Friedens ihre Stärke und Überzeugungskraft.

Nachrichten aus der kreativen Vergangenheit

Wie wir alle wissen, gehen kreative Menschen ihrer Tätigkeit mit leidenschaftlicher Hingabe nach. Die heutige Kunde kommt aus England, wo sich der vielversprechende junge Wissenschaftler Charles Darwin gerade von einer leichten Magenverstimmung erholt hat. Offenbar hat sich der junge Darwin gestern aufs Land begeben, um seltene Insekten zu jagen. Er entdeckte einen merkwürdigen Käfer, der unter der Rinde eines Baums umherlief. Als er die Rinde abpellte, stellte er fest, daß sich dort insgesamt drei Käfer verborgen hielten. Die Aussicht, sie seiner Sammlung einverleiben zu können, versetzte ihn in derartige Aufregung, daß er einen Käfer mit jeder Hand ergriff und sich den dritten in den Mund stopfte. Kreativität kann allesverschlingend sein. Charles, wir wünschen dir gute Besserung für deinen Magen.

Intrapersonale Intelligenz

*Intra*personale Intelligenz ist die Kenntnis der eigenen Person. Wer ein hohes Maß an intrapersonaler Intelligenz besitzt, weiß um seine Stärken und Schwächen, Wünsche und Ängste und kann ihnen in seinem Verhalten Rechnung tragen.

Diese Intelligenz äußert sich zum Beispiel darin, daß man sehr genaue Vorstellungen hat von dem, was man will, daß man Selbstdisziplin besitzt und auch im Falle von Enttäuschungen Ausdauer beweist. Sogar Kleinkinder verfügen über ein gewisses Maß an Selbsterkenntnis.

Im Gegensatz zu anderen Intelligenzarten vertieft sich die Selbsterkenntnis im Laufe des Lebens. Fördern läßt sich die intrapersonale Intelligenz zum Beispiel dadurch, daß man Kinder zur Selbstbeobachtung anhält – etwa Tagebuch zu führen und es in Abständen wiederzulesen – oder sie mit Menschen bekannt macht, die sehr introspektiv und ›verinnerlicht‹ sind. Großes hat Sigmund Freud auf diesem Gebiet geleistet. Jahrzehntelang hat er sich selbst analysiert, wobei er seinen Träumen und ihrer Bedeutung besondere Aufmerksamkeit schenkte. Später verknüpfte er die Ergebnisse dieser Selbstanalyse mit den freien Assoziationen seiner Patienten und stieß so auf einige Grundtatsachen des Seelenlebens. Beispielsweise erkannte er, daß die frühen Beziehungen zu den Eltern von großer Bedeutung für die späteren Beziehungen zu anderen Menschen sind. Mit der Psychoanalyse entwickelte Freud ein Verfahren, das Menschen dabei helfen kann, ein stärkeres intrapersonales Empfinden auszubilden – größere Selbsterkenntnis zu gewinnen.

»Oft ist diese Intelligenz unsichtbar«, sagt Gardner. »Sie läuft darauf hinaus, daß man sich sehr genau kennenlernt und diese Selbsterkenntnis produktiv nutzt. Es gibt Menschen mit außerordentlich hohen IQs, die ständig mit dem Kopf gegen die Wand rennen und nichts aus ihren Fähigkeiten machen, weil sie nicht begreifen, wo ihre Begabungen liegen und welche Eigenschaften ihnen immer wieder einen Strich durch die Rechnung machen.«

Lehrlinge willkommen

Wenn Eltern die verschiedenen Intelligenzarten unterscheiden können, sind sie auch in der Lage, die natürlichen Kompetenzbereiche ihres Kindes zu bestimmen. Sobald sie die natürlichen Neigungen des Kindes erkannt haben, können sie ihm ermöglichen, in diesen Bereichen zu experimentieren und allmählich ein Gefühl für die eigene Leistung zu bekommen. Unter Umständen erwächst daraus ein solides Fachwissen und eines Tages vielleicht sogar die Fähigkeit, wegweisende Neuerungen zu entwickeln.

Allerdings gibt Gardner uns noch eine Warnung mit auf den Weg: »Wichtig ist, daß Eltern und Lehrer die Kinder sorgfältig beobachten und es ihnen überlassen, ihre intellektuellen Neigungen zu offenbaren. Sehr häufig verhalten wir uns narzißtisch: Entweder erwarten wir von unseren Kindern, daß sie genau das tun, was wir getan haben, oder daß sie das tun, was wir nicht getan haben oder nicht tun konnten. In beiden Fällen ist das Verhalten der Eltern destruktiv, denn in beiden Fällen zwingen sie dem Kind ihren Willen auf.« Als Architekten der häuslichen Umgebung können Eltern ihren Kindern eine große Vielfalt von Materialien und Erfahrungen zugänglich machen, so daß sich die natürliche Neigung des Kindes äußern kann, egal, auf welchem Gebiet sie liegt.

Natürlich kann es nicht immer dem Kind allein überlassen bleiben, sich ein Interessengebiet anzueignen. Beispielsweise kann das Kind zeichnerisch noch so begabt sein, es wird sicherlich davon profitieren, wenn ihm jemand zeigt, wie man mit Pinsel und Farben umgeht. Aber was soll ein armer Vater tun, wenn das Kind sich leidenschaftlich zu einer Tätigkeit hingezogen fühlt, von der er absolut keine Ahnung hat? Nicht immer werden Arbeitsgemeinschaften in Astronomie, Schmetterlingssammeln, Schach oder Flugzeugmodellbau angeboten.

Früher, so sagt Gardner, fanden junge Menschen solche Anleitung im alten System der Lehre: »Lange bevor es Schulen gab, lernten Kinder ein Handwerk, indem sie in Werkstätten und auf Bauernhöfen mit Erwachsenen zusammen waren und ihnen halfen. Vielleicht beschränkte sich das zunächst aufs Ausfegen, doch dann durften sie Stoffe zuschneiden und später ein bißchen nähen. Nach fünf oder sechs Jahren war aus dem Kind ein angehender Schneider geworden.«

Einen interessanten Vorschlag hat Michael Spock vom Field Museum in Chicago gemacht: Man sollte ein Kind, das sich für ein bestimmtes Thema zu interessieren beginnt, mit einem älteren Menschen zusammenbringen, der das Gebiet beherrscht. Gegenwärtig wäre das ein bißchen schwierig. Doch Spock meint, wie man heute an den Türen von Geschäften und Restaurants durch kleine Schilder anzeigt, welche Kreditkarten akzeptiert werden, könnten Menschen mit speziellen Fachkenntnissen, die sie gerne an Kinder weitergeben würden, entsprechende Zeichen an ihrer Tür anbringen. Das könnte ein kleines Schachbrett, ein Fernrohr oder ein Webstuhl sein – wie die Schilder, die zur Zeit der Zünfte und Gilden von den Handwerkern aufgehängt wurden. Auf diese Weise würden die Kinder wissen, welche Erwachsenen in ihrem Viertel welche Fertigkeiten besitzen und ob sie bereit sind, sie ihnen beizubringen. Für viele Ruheständler wäre das sicherlich sehr schön. Schließlich haben sie genug Zeit und eine Fülle von Kenntnissen, die sie an wißbegierige Kinder weitergeben könnten. Außerdem würde es, so fügt Howard Gardner hinzu, »für jene soziale Bindung zwischen den Generationen sorgen, die immer mehr verlorengeht«.

Mit der Entwicklung einer globalen Staatengemeinschaft nach Beendigung des Kalten Krieges wird möglicherweise das Interesse an diesen traditionellen Vermittlungsformen von Kenntnissen und Fertigkeiten wiederaufleben. Vielleicht erwachen die unterdrückten kreativen Kräfte in den ehemaligen kommunistischen Staaten zu neuem Leben und leiten eine Entwicklung zu innovativen und hochwertigen Fertigungsweisen ein. Die wirtschaftlichen Beziehungen zwischen den Vereinigten Staaten, Japan und Europa könnten sich zu einem stabilen System entwickeln, das sich auf fortwährenden kreativen Wettbewerb gründet. Möglicherweise würde in dieser globalen Gemeinschaft nicht mehr wie heute die hektische Suche nach ›Patentlösungen‹ im Vordergrund stehen, so daß sich eine ruhigere und geduldigere Auffassung von den Entwicklungs- und Lernprozessen des Menschen durchsetzen könnte. Ohne Zwang würde sich in einem solchen Klima die Kreativität des einzelnen und der Gruppe entfalten, wobei die natürlichen und spontanen Neigungen des Kindes besondere Berücksichtigung fänden.

Spielerischer Unterricht, der klappt

Kreativität auf italienisch

Reggio Emilia ist eine norditalienische Gemeinde in der Nähe von Mailand. Seit etwa vierzig Jahren wird dort in einer ›Spielschule‹ für Kinder im Alter zwischen zwei und sechs Jahren eine höchst unorthodoxe frühkindliche Erziehung geleistet. Dabei orientiert man sich an der Montessori-Schule und am Piagetschen Stadienmodell der kindlichen Entwicklung. Allerdings gehen diese Einflüsse in einen ganz eigenen Ansatz ein, der die Spontaneität des einzelnen Kindes und die Gruppenarbeit in den Vordergrund stellt.

Der Wissensdurst der Kinder trifft in der Schule auf ein vielseitiges Angebot: Sie sind häufig im Freien, besichtigen höchst unterschiedliche Orte – landwirtschaftliche Betriebe und antike Stätten – und können sich auch in der Schule mit einer bunten Fülle von Unterrichtsmaterialien auseinandersetzen. Die Lehrer und Erzieher wissen, was für Aufgaben und Anforderungen sie den verschiedenen Altersstufen stellen müssen, um die Aufmerksamkeit der Kinder anzusprechen, ihre Energien zu mobilisieren und sie für Projekte zu interessieren, deren Sinn sie einsehen können. Die Arbeit an solchen Projekten – egal, ob es sich um eine Zeichnung, eine Skulptur oder ein wissenschaftliches Experiment handelt – führt den Kindern vor Augen, daß sie ihre Fertigkeiten verbessern und etwas zustande bringen, auf das sie stolz sein können und das auch anderen Menschen gefällt. Die Reggio-Emilia-Methode verbindet die natürliche Neugier des Kindes mit der sozialen Befriedigung, die aus der Zusammenarbeit mit anderen erwächst.

Ein besonderer Aspekt der Schule ist die vollkommene Einbeziehung der Eltern. Tatsächlich wurde die Reggio-Emilia-Schule nach dem Zweiten Weltkrieg von einer Elterngruppe gegründet, die zunächst ein altes Kino anmietete. Als die Stadt ihnen schließlich Unterstützung für ihr Programm anbot, legten die Eltern großen Wert darauf, daß der Geist der Gründerzeit nicht verwässert wurde. Eine Mutter erinnert sich: »Für uns war die Beteiligung der Familie am Schulgeschehen ein Recht und eine Pflicht.« Noch heute sind die Eltern stolz darauf, daß es *ihre* Schule ist und nicht die der Stadt oder des Staates.

Eine Mutter: »Wir wollten eine neue Art von Schule, ein neues Bild von dem, was Kinder sind und sein können. Die Bürger dieser Stadt glauben, daß alles, was man für Kleinkinder tut, eine Investition in die Zukunft ist.«

Wie viele alternative Schulen bindet Reggio Emilia die Eltern in möglichst viele Aktivitäten ein. »Ich denke, wir dürfen als Eltern die Erziehung unserer Kinder nicht an die Schule delegieren«, sagt Tiziana Filippini, Mutter eines Schulkindes und Projektleiterin an der Schule. »Deshalb gefällt mir diese Schule. Vom ersten Tag an, als ich meine Tochter Eliza herbrachte, hat man mich zur Mitarbeit, zu einer Beteiligung auf jeder Ebene aufgefordert.«

Die Lehrer, sagt Tiziana, »beziehen uns schon ein, bevor noch die Kinder im September in die Schule kommen. Zum Beispiel besuchen Sie uns und fragen nach der Tochter oder dem Sohn. Sie bitten uns, in die Schule zu kommen und bei der Vorbereitung kleiner Überraschungen zu helfen – Spielsachen, Keksen und anderen Kleinigkeiten –, die die Kinder in den ersten Tagen geschenkt bekommen.«

Regelmäßig treffen sich die Eltern jeder Klasse, unterhalten sich über die Entwicklung ihrer Kinder und machen Vorschläge für den Unterricht. »Wir Eltern bleiben dadurch besser in Tuchfühlung mit den Fortschritten unserer Kinder«, meint Tiziana.

Niente senza gioia

Niente senza gioia – »Nichts ohne Freude« – lautet ein Wahlspruch der Schule. Vom ersten Tag an sind alle Beteiligten darum bemüht, daß die Kinder Spaß an der Schule haben. »Ich glaube, Kinder erwarten von Erwachsenen die Fähigkeit, ihnen Freude zu bereiten«, sagt Loris Malaguzzi, Schulrat des Bezirks Reggio Emilia. »Sie verlangen das von allen und jedem. Ohne aufrichtig Freude auszustrahlen und zu empfinden, ist kein Erwachsener in der Lage, eine Atmosphäre zu schaffen, in der Kinder ihre produktiven und kreativen Kräfte entfalten können.«

Die Kreativität von Kindern zu fördern vergleicht Malaguzzi mit dem Züchten von Pilzen. »Es gibt unendlich viele Arten von Pilzen: sehr schöne, die man lieber nicht essen sollte, Pilze, die weniger schön sind, aber herrlich schmecken, und Sorten, bei denen weder eine noch das andere zutrifft. Um die besten Pilze zu züchten, kann man eigentlich nicht mehr tun, als ein möglichst fruchtbares Beet vorzubereiten. Und wenn sie wachsen wollen, dann wachsen sie.«

Genau das, sagt er, geschehe mit den Kindern in Reggio Emilia: Man lasse ihrer Kreativität jede Möglichkeit, sich zu entfalten.

»Kreativität ist eine unaufhaltsame Entwicklung der Phantasie, wobei sich nicht sagen läßt, wann sich diese Phantasie bei einem Kind zeigt«, meint Malaguzzi. »Wir möchten das Kind nur so weit wie möglich auf seinem Weg ins Reich der Kreativität begleiten. Mehr können wir nicht tun. Am Ende des Weges wartet die Kreativität. Aber wir wissen nicht, ob das Kind Lust hat, den Weg zu Ende zu gehen. Wichtig ist weiterhin, daß wir ihm nicht nur die Richtung vorgeben, sondern auch die Werkzeuge – Gedanken, Wörter, Beziehungen, Solidarität, Liebe. Dann dürfen wir hoffen, daß sich auch der Augenblick der Freude einstellt.«

Diese Begleitung ins Reich der Kreativität findet unter anderem dadurch statt, daß man in Reggio Emilia sorgfältig auf die ersten Anzeichen von Neugier achtet. Statt den Kindern einfach eine ›kreative Beschäftigung‹ zu verordnen, so erläutert Tiziana, geht die Schule immer von einem Bedürfnis oder Wunsch des Kindes aus.

Mohnfelder und Wandgemälde

In Reggio Emilia orientiert sich der Lehrplan nicht an Schulfächern, sondern an Projekten, die in kollektiver Arbeit entstehen. Die Kinder werden völlig in eine bestimmte Tätigkeit einbezogen – indem sie zum Beispiel einen Steinlöwen auf dem Marktplatz nachzeichnen oder ein Feld mit Mohnblumen aufsuchen und auf einem Bild den sinnlichen Reichtum dieser Blumen nachempfinden.

Im Frühjahr bedecken sich die Hügel rund um Reggio Emilia mit leuchtend roten und grünen Mohnteppichen, strahlenden Vorboten des nahenden Sommers. Ein Kind bringt einen großen Strauß glühendroter Mohnblumen in die Schule. Alle sind begeistert. Woher kommen die Blumen? Wie wachsen sie? Um diesen Fragen nachzugehen, planen Kinder und Lehrer für den nächsten Tag einen Ausflug in die Mohnfelder.

Am Ziel angekommen, streifen die Kinder frei umher, pflücken Blumen, toben durchs Feld, flechten sich Blüten ins Haar, verstecken sich zwischen den hohen Stengeln und untersuchen die Käfer auf den Pflanzen. Ein kleiner Junge ruft: »Das ist besser als Eiskrem!«

Wieder in der Schule, ist das Thema noch lange nicht erledigt. Ein Lehrer hat Fotos gemacht und wirft die Dias auf eine Leinwand. Die Kinder tanzen durch die bunten Bilder und tauchen immer wieder in die Farbenfluten ein. Schließlich schlägt ein Lehrer ein gemeinsames Wandbild vor, um den Erfahrungen des Ausflugs Ausdruck zu verleihen. Das Wandbild sei, so erläutert Tiziana, »eine Art großes Puzzle, zu dem jedes Kind seinen ganz persönlichen Beitrag leistet. Auf diese Weise entsteht eine wunderbare Gruppenarbeit. Einerseits hält jedes Kind seine eigenen Empfindungen und Vorstellungen fest, andererseits nimmt es auf, was die Gruppe beisteuert, und erweitert dadurch seinen Erfahrungshorizont.« Gruppenarbeit gehört für die Kinder von Reggio Emilia zu den wichtigsten Lernerfahrungen. »Wir versuchen Kreativität beim einzelnen und in der Gruppe zu fördern. Durch die Arbeit in der Gruppe läßt sich die Produktivität des einzelnen Kindes, seine Gedanken- und Gefühlswelt erweitern. Daher sind wir bestrebt, den Geist der Zusammenarbeit zu stärken«, sagt Tiziana. Bei der Anfertigung des Mohnwandbildes hätten die Kinder, meint Malaguzzi, »zunächst in Einzelarbeit die Umrisse ihrer Freskobeiträge skizziert. Dann haben sie sich zusammengesetzt und ihre Ideen erörtert, um festzustellen, wie sie sich miteinander verbinden ließen. Dabei haben sie gelernt, daß sich die Arbeit vieler Menschen zu einem funktionsfähigen Ganzen organisieren läßt.«

Die Arbeit an dem Wandbild ist genauso wichtig wie das fertige Bild. »Es zählen nicht nur die Bilder, die die Hände und die Phantasie der Kinder zustande bringen, sondern auch die Gespräche, die während des Malens stattfinden«, sagt Malaguzzi. »Ich würde sagen, für jeden Pinselstrich ist die Individualität des Kindes und der Einklang aller Ideen verantwortlich.«

»Um die Farben richtig zu wählen, um sich in die Farbsymphonie einzufügen«, fügt er hinzu, »muß das Kind sich als Instrument des Orchesters empfinden.«

»Aus der Sicht der Eltern«, sagt Tiziana, »geht es natürlich auch darum, daß die Kinder ihre Individualität nicht verlieren.« Projekte wie das Mohnwandbild führen den Kindern vor Augen, daß die Zusammenarbeit mit anderen ihre individuellen Möglichkeiten erweitern kann. Das Ergebnis einer solchen kollektiven Arbeit übertrifft an Umfang und Vielfalt alles, was das einzelne Kind hätte leisten können – und das weiß die größere Gemeinschaft besonders zu schätzen.

Die Projekte der Reggio-Schule wenden sich an eine Reihe

verschiedener Intelligenzen – zum Beispiel die räumliche, die kinästhetische und die musikalische. Die meisten Schulen begnügen sich mit lediglich zwei Intelligenzarten – der sprachlichen und der mathematisch-logischen. »Diese beiden Bereiche werden ganz oben an die Spitze der Pyramide gestellt«, sagt Gardner. »Wenn sich ein Kind in Sprache und Logik bewährt, dann kommt es gut in der Schule zurecht und hält sich für klug und sehr kreativ. Solange es zur Schule geht, greift der Pygmalion-Effekt (*self-fulfilling prophecy*), denn diese beiden Intelligenzen werden zugrunde gelegt, wenn es gilt, die Schulleistung eines Kindes zu beurteilen.

Das geht wunderbar, wenn Sie Ihr ganzes Leben in der Schule bleiben oder Professor werden wie ich. Doch die meisten Menschen verlassen die Schule irgendwann und gehen ins Leben hinaus. Von da an verliert vieles, worauf die Schule großen Wert legt, erheblich an Bedeutung: Ein Großteil der Beschäftigungen, denen die Menschen im Leben nachgehen, sind nicht auf diese Sprach-Logik-Mixtur angewiesen, und auch die meisten Formen der Zusammenarbeit – einschließlich der gemeinsamen Arbeit an kreativen Projekten – legen kein besonderes Gewicht auf Sprache und Logik.

Normalschulen sind ausgezeichnete Anstalten zur Ausbildung von bestimmten Fertigkeiten und bestimmten Menschentypen – vor allem von Lehrern und Professoren. Doch sie alle offenbaren ihre Mängel, sobald wir das gesamte Intelligenzspektrum berücksichtigen.«

Mit anderen Worten, würde man sich im normalen Schulsystem bemühen, ein breiteres Spektrum von Fertigkeiten zu vermitteln, würde man damit nicht nur die natürlichen Anlagen der Kinder weit besser fördern, sondern sie auch umfassender aufs Leben vorbereiten.

Jenseits von gut und mangelhaft

Im Innenstadtbereich von Indianapolis gibt es eine bemerkenswerte Grundschule, die Key School. Hier ist Howard Gardners Vorstellung von Kreativität ein fester Bestandteil des Lehrplans. Täglich werden die Kinder mit Unterrichtsmaterialien konfrontiert, die so konzipiert sind, daß sie den ganzen Bereich menschlicher Fähigkeiten ansprechen – die künstlerischen, musikalischen und rechnerischen Talente ebenso wie die sprachlichen Fertigkeiten, etwa durch Spanischunterricht, und die mathematische Intelligenz. Sogar physikalische Spiele gibt es. Darüber hinaus wird großer Wert auf die personale Intelligenz gelegt – das Verständnis der eigenen Person und das Verständnis für andere.

Wie alle öffentlichen Schulen steht die Key School jedem Kind in Indianapolis offen, obwohl sie mittlerweile so beliebt ist, daß neue Schüler durchs Losverfahren bestimmt werden müssen. Die Lehrer werden ausschließlich nach ihren Qualifikationen ausgewählt. Neben der Lehrbefähigung wird dabei besonderer Wert auf spezielle Fähigkeiten in den verschiedenen Bereichen gelegt. So beherrscht eine Lehrerin zum Beispiel die Gebärdensprache der Gehörlosen – eine Fertigkeit, die sowohl in den sprachlichen wie den kinästhetischen Bereich fällt.

In der Key School versucht man, den Kindern die Möglichkeit zu geben, die Gebiete zu entdecken, in die sie ihre natürliche Neugier und Begabung zieht, und sie gründlich kennenzulernen. Hören wir Gardner: »Der Grundgedanke dieser Schule ist nicht, daß man den einen Bereich herausfindet, in dem das Kind eine besondere Begabung zeigt, und dann darauf besteht, daß es sich nur noch ihm widmet. Da die Kinder täglich mit Unterrichtsmaterialien aus allen Bereichen in Berührung kommen, haben sie genügend Möglichkeiten, ihre Meinung zu ändern und sich ganz anderen Bereichen zuzuwenden. Ich glaube, dadurch verringert sich die Möglichkeit, daß das Kind zu dem wirklich tragischen Schluß kommt, es könne gar nichts.

103

Solange wir von Kindern verlangen, nur dem schmalen Ausschnitt der traditionellen schulischen Anforderungen gerecht zu werden – in einem Arbeitsbuch die Lücken auszufüllen oder in einem standardisierten Test das Kreuz an die richtige Stelle zu setzen –, werden wir nach wie vor schrecklich viele Kinder zu der Überzeugung bringen, daß sie nicht die Fähigkeiten besitzen, die von ihnen verlangt werden.

Doch wenn wir den Kindern die Möglichkeit geben, ihren Körper, ihre Phantasie, all ihre Sinne zu benutzen und mit anderen Kindern zusammenzuarbeiten, wird fast jedes Kind herausfinden, daß es in irgendeinem Bereich etwas leisten kann. Und selbst das Kind, das auf keinem Gebiet besondere Fähigkeiten zeigt, wird in einem Bereich bessere Leistungen als in einem anderen zeigen. Statt ihm, wie im traditionellen System üblich, die Botschaft zu vermitteln: Du bist dumm, kann man ihm jetzt deutlich machen: Hier bist du ziemlich gut; laß uns hier noch mehr Energie und Mühe aufwenden.«

Damit das Kind Tätigkeiten nachgehen kann, die ihm ein Gefühl von Leistung und Lust vermitteln, gibt es an der Key School einen relativ unstrukturierten Spielbereich, der ›Flow Center‹ heißt. Das Flow Center orientiert sich an den Ideen Professor Mihalyi Csikszentmihalyis, der an der University of Chicago arbeitet (vgl. Seite 53). Im Flow-Zustand ist das Kind (oder der Erwachsene) so gründlich und so begeistert in seine Tätigkeit vertieft, daß alles andere bedeutungslos zu sein scheint. Die Trennung zwischen Subjekt und Objekt des Tuns ist aufgehoben. Es herrscht ein Zustand vollkommener Inanspruchnahme, in dem das Bewußtsein von der eigenen Person verlorengeht.

An drei Tagen in der Woche suchen die Kinder der Key School den Flow-Raum auf, um sich mit einer Vielzahl von Spielen, Puzzles und anderem Material zu beschäftigen. Was das Kind im Flow-Raum anstellt, tut es aus freien Stücken – nicht weil es ihm aufgetragen worden ist. Es gibt keine Noten, keine ›guten‹ oder ›schlechten‹ Beurteilungen. Eine Lehrerin hält lediglich fest, wie tief das einzelne Kind in seine Tätigkeiten versunken ist. Damit wird im Grunde genommen die intrinsische Motivation des Kindes registriert, eine Information, die auf die tatsächlichen Interessen des Kindes schließen läßt, auf die Tätigkeit, der es später im Leben einmal nachgehen könnte.

Alle neun Wochen gibt es verschiedene Themenstellungen, zum Beispiel ›Muster‹ oder ›Verknüpfungen‹, die Renaissance im 16. Jahrhundert oder ›Renaissance heute‹ in Indianapolis. Jedes Kind fertigt dann eine Projektarbeit an, die mit dem Thema zu tun hat. Die Projektarbeiten werden nicht benotet. Statt dessen stellt jedes Kind der Klasse seine Arbeit vor, erläutert sie und beantwortet Fragen. Das alles wird auf Videobändern festgehalten, so daß jedes Kind der Key School sich von seiner Entwicklung und seinen Fortschritten im Laufe der Jahre überzeugen kann.

Sowohl in der Reggio-Emilia-Schule wie in der Key School wird großer Wert auf Zusammen- und Gruppenarbeit gelegt. Dabei lernen die Kinder, daß das Ganze mehr ist als die Summe seiner Teile. Sie erkennen im Zuge der Zusammenarbeit, daß sie die eigenen Schwächen kompensieren und anderen Kindern mit ihren Stärken aushelfen können.

Herden

Täglich kann jedes Kind an der Key School unter Beschäftigungen wählen, die sich an den sieben Intelligenzen orientieren. Auf diese Weise ist das Kind in der Lage, sich mit bisher vernachlässigten Interessenbereichen vertraut zu machen und sich intensiver um die Bereiche zu kümmern, die ihm liegen.

Jedes Kind gehört zu einer ›Herde‹, einer Gruppe, die sich mit einem bestimmten Interessengebiet beschäftigt. Es gibt Herden für Gärtnerei, Architektur, Segelflugmodelle und so fort. Einmal gab es sogar eine Herde, die sich dem Thema Geldverdienen widmete. Die Kinder wählen sich ihre Herde nach

Belieben aus. Daraufhin kommen sie täglich mit Kindern verschiedener Altersgruppen und einem Erwachsenen zusammen, um sich gründlich mit dem gewählten Thema auseinanderzusetzen. So absolvieren sie in der Herde eine Art Lehre. Alle Herden orientieren sich an mehreren Intelligenzen, da nur wenige Tätigkeiten im Leben mit einer einzigen Intelligenz auskommen. Beispielsweise ist die Volkstanz-Herde in erster Linie auf die kinästhetische Fähigkeit angewiesen. Aber auch die sprachliche und die räumliche Intelligenz sind gefragt. In der Herde ›Gesang und Gebärden‹ lernen Kinder, die Wörter der Lieder, die sie singen, gleichzeitig durch die Gebärdensprache auszudrücken – dazu sind musikalische, sprachliche, kinästhetische und interpersonale Fähigkeiten erforderlich.

Wenn die Key School Kindern die Möglichkeit gibt, sich mit Dingen zu beschäftigen, für die sie eine natürliche Neigung verspüren, schafft sie die Voraussetzung für das, was Howard Gardner ›Kristallisationserlebnisse‹ nennt: die Berührung mit Personen, Ideen oder Tätigkeiten, die die Aufmerksamkeit und Phantasie der Kinder völlig gefangennehmen. Aus einem solchen Kristallisationserlebnis kann eine lebenslange Berufstätigkeit erwachsen.

Das ständige Bemühen, die Phantasie und die Interessen des Kindes anzuregen, ist das zentrale pädagogische Anliegen der Key School. »Uns geht es hier darum«, sagt die Schulleiterin Patricia Bolanos, »bei den Kindern möglichst viele Flow-Erlebnisse auszulösen. Denn aus ihnen erwächst der Wunsch, sich näher mit einem Thema zu beschäftigen, mehr darüber zu lernen und sich größere Aufgaben zu stellen. Wenn die Kinder bei dem, was sie tun, auf einer bestimmten Entwicklungsstufe stehenbleiben, langweilen sie sich. Bei uns soll sich niemand langweilen. Es kann überhaupt keine Langeweile aufkommen. Sobald sie ein Gebiet beherrschen, können sie sich der nächsten Aufgabe zuwenden. Nach Möglichkeit sollte das auch nicht mit der Schule enden, sondern eine Existenzform werden.«

Aus diesem Grund halten die Lehrer der Key School fortwährend Ausschau nach Tätigkeiten, zu denen sich ein Kind besonders hingezogen zu fühlen scheint. Das Motivationsniveau wird so hoch bewertet, daß man es in der Schülerkartei festhält.

Kooperation ist ein Mannschaftssport

Die Hall of Fame – die Ruhmeshalle – des Basketballs steht in Springfield, Massachusetts, der Stadt, in der James A. Naismith das Spiel erfunden hat. Was allerdings nur wenige wissen: Obwohl ihm die Erfindung dieser Perle unter den Mannschaftssportarten allein gutgeschrieben wird, geht sie in Wirklichkeit auf die gemeinsamen Anstrengungen eines ganzen Teams zurück.

In den achtziger Jahren des vorigen Jahrhunderts war das Springfield College ein Zentrum der Leibeserziehung, das CVJM-Trainer aus allen Teile der Vereinigten Staaten aufsuchten, um ihre Fähigkeiten zu vervollkommen. Im Herbst begeisterte sich alles für Football, aber wenn der Winter mit Schnee und Eis kam, mußten die sportlichen Aktivitäten in die Halle verlegt werden, wo damals lediglich Gymnastik betrieben wurde. Sterbenslangweilig, klagten die Studenten.

Daher ging Naismith zum Dekan und bat ihn, die Gymnastik zwei Wochen auszusetzen, damit man sich ein Hallenspiel für die Wintermonate einfallen lassen könne. Daraufhin begann für Naismith und seine Studenten eine intensive Experimentierphase, wobei sie selbst die Laborratten waren. Bei Hallen-Football, das erkannten sie rasch, war die Verletzungsgefahr viel zu groß. Gleiches galt für Fußball und Lacrosse, das damals sehr beliebt war. Sie brauchten ein Spiel, bei dem die Verletzungsgefahr minimal war – daher verbieten die Basketballregeln, daß die Spieler sich gegenseitig berühren, den Ball mit anderen Körperteilen als den Händen spielen und mit dem Ball unterm Arm übers Feld laufen. Und keine Schläger oder Stöcke – da können in der Halle Verletzungen nicht ausbleiben. Die Spieler mußten sich den Ball also mit den Händen zuspielen. Dergestalt gelang es Naismith und seinen Studenten, das Spiel jeden Tag ein bißchen mehr zu vervollkommen.

Als nach zwei Wochen das erste richtige Basketballspiel stattfand, war der einzige Haken, daß das Spiel nach jedem Korb unterbrochen wurde, weil jemand auf einer Leiter nach oben klettern mußte, um den Ball aus dem Pfirsichkorb zu holen, den sie an der Galerie der Turnhalle befestigt hatten. Allerdings war das kein großes Problem, denn bei der ersten Auszeit stand es – 1:0.

»Die meisten Schulen belohnen ihre Schüler für die Erledigungen von Aufgaben, die ihnen aufgetragen worden sind«, sagt Bolanos. »Wir drehen den Spieß um. Statt die Kinder zu irgend etwas zu zwingen, geben wir ihnen die Möglichkeit, Tätigkeiten nachzugehen, die ihnen Spaß machen.«

Kindermuseen

Völlig in seine Tätigkeit versunken zieht ein kleines Mädchen am ›Teufelsschwanz‹ – dem langen Handgriff, mit dem eine Druckerpresse aus dem 16. Jahrhundert bedient wird. Wieder und wieder betätigt sie ihn, mit zunehmender Kraft und Entschiedenheit. In einen bunten Umhang gehüllt, kostet ein nordamerikanisches Großstadtkind zum erstenmal in seinem Leben einen süßen mexikanischen Schokoladentrunk. Gutmütig läßt eine Ziege das zaghafte Streicheln eines kleinen Jungen über sich ergehen. Nicht weit davon starrt ein anderes Kind in die wirbelnde Trommel eines Stroboskops. Schauplatz dieser Ereignisse ist das Capital Children's Museum in Washington, D.C. Kindermuseen sind eine relativ neue Errungenschaft. In den siebziger Jahren gab es lediglich eine Handvoll, doch in den letzten zehn Jahren sind allein in den Vereinigten Staaten dreihundert entstanden. Das besondere Kennzeichen eines Kindermuseums ist nicht nur seine Zielgruppe, sondern auch die geschickte Verbindung von Unterhaltung und Belehrung. In einer kinderfreundlichen Umgebung werden mechanische Geräte und komplizierte Exponate präsentiert, die sich nur wenige Schulen leisten können.

Kindermuseen sollen jenen gesellschaftlichen Kräften entgegenwirken, die die Freiräume der Kinder einengen. Für die Mittelstandskinder ist ein solcher Einfluß der hektische Rhythmus der rasch aufeinanderfolgenden Unterrichtsstunden, der außerschulischen Aktivitäten und Hausarbeiten, ein Tagesablauf, der die Zeitnot der Erwachsenenwelt vorwegnimmt. Für die Kinder in den Gettos der Großstädte ist es das Klima der Armut, Gewalt und Furcht. Hinzu kommt, daß Kinder immer mehr Zeit vor dem Fernsehapparat verbringen und immer weniger

Gelegenheit haben, um Menschen kennenzulernen und herauszufinden, wie das wirkliche Leben ist. »Heutzutage spielen sogar die Spielsachen von alleine. Das Kind braucht überhaupt keinen Beitrag mehr zu leisten«, sagt Ann Lewin, die Leiterin des Capital Children's Museum. »Dabei kann sich Kreativität nur entwickeln, wenn man dem Kind möglichst vielfältige Erfahrungen zugänglich macht.«

»Es hat fast den Anschein, als müßten wir die Kindheit wiedererfinden«, fährt sie fort. »Die Gesellschaft hat vergessen, was Kinder brauchen, um gesund heranzuwachsen. Wir benötigen neue Strategien, die Kindern ermöglichen, ihre Persönlichkeit unbeeinträchtigt zu entwickeln, ihre Kreativität zu entfalten und die Kindheit wieder als Kindheit zu erleben.«

Woher kommt die Milch?
Aus der Tüte natürlich

Dank dem Fernsehen sind Kinder heute über weit mehr Dinge informiert als früher, es fehlt ihnen aber an eingehenderen Erfahrungen. Man könnte also sagen, Kinder wissen heute mehr, verstehen aber weniger. Die konkreten Erfahrungen, die Kinder früher in der Landwirtschaft und im Handwerk sammelten, machten ihnen klar, daß das Leben ein tätiger Prozeß ist, ein Prozeß, der einen Anfang, eine Mitte und ein Ende hat. Durch seine raschen Bildfolgen und Zeitverkürzungen zerstört das Fernsehen dieses prozeßhafte Erleben und ruft so die Illusion hervor, daß die Dinge einfach ›passieren‹.

Selten können sich unsere Kinder mit eigenen Augen davon überzeugen, woher die Dinge ihres täglichen Bedarfs kommen, und noch seltener, wie sie hergestellt werden. »Die Brause kommt in Dosen und das Essen in Packungen, die man in die Mikrowelle stellt«, sagt Lewin. »Kinder wissen nicht mehr, wieviel Zeit und Mühe erforderlich sind, um Getreide und

Gemüse anzubauen oder um die Kühe großzuziehen, die ihnen die Milch liefern. Hier kommen Kinder ins Museum, die nie ein lebendiges Rind oder Schwein gesehen und die keine Ahnung haben, wie die Dinge hergestellt werden, mit denen sie täglich umgehen.«

In wenigen Generationen ist die Berufstätigkeit der Erwachsenen, die früher immer zur Alltagserfahrung von Kindern gehört hat, weitgehend aus dem kindlichen Erlebnishorizont verschwunden. Bauernhöfe und Fabriken sind kaum noch zu sehen. Früher war es selbstverständlich, daß es in der Nachbarschaft Bäcker, Schneider und Werkstätten gab, in denen man vom Haushaltsgerät bis zur Puppe alles reparieren lassen konnte. Heute sind sie zur Seltenheit geworden.

Um diesen Prozeßcharakter wieder anschaulich zu machen, zeigt das Capital Children's Museum unter anderem auf einem eigenen Ausstellungsgelände eine Kleiderfabrik in Miniaturformat. Die Kinder können sehen, wie die Stoffballen angeliefert, die Schnittmuster eingezeichnet, die Stoffe im Schneideraum zugeschnitten und im Nähraum genäht werden. Schließlich kommen die fertigen Kleidungsstücke auf Bügel, werden in Schachteln verpackt und am anderen Ende der Fabrik auf Lastwagen verladen. Die Ausstellung zeigt all die geheimnisvollen Schritte, die stattfinden, bevor die Kleidungsstücke an den Verkaufsständern der Geschäfte erscheinen – den Orten, an denen die meisten Kinder sie zum erstenmal erblicken.

Sprache und Raum

Ein ganzer Flügel des Capital Children's Museum ist der Vergegenwärtigung mexikanischen Lebens gewidmet – von der oxakanischen Küche bis hin zum Dorfbrunnen. Auf verschiedenen Ebenen sind die Räume und Gebäude des Museums durch ein Gewirr von Rampen, Treppen, Balkonen und Türen verbunden. Einen offiziellen Rundgang durch diese vielfältige

Ausstellung gibt es hingegen nicht. Jedes Kind muß seinen eigenen Weg finden. »Dadurch kommt die räumliche Intelligenz ins Spiel«, meint Lewin. »Das offizielle Bildungssystem klammert die räumliche Intelligenz praktisch aus. Im Kindergarten drücken wir den Kindern Klötze und Sand in die Hand, und sie dürfen damit nach Herzenslust bauen. Dann nehmen wir sie ihnen zwölf Jahre lang wieder weg und erwarten trotzdem, daß aus ihnen Architekten und Ingenieure werden.«

Ein Kind muß über Wörter, Bilder und Gesten verfügen, um seine Ideen ausdrücken zu können; das ist eine wesentliche Voraussetzung von Kreativität. Im Museum können die Kinder durch eine Folge von Environments wandern, deren jedes ein Stadium in der Entwicklung der menschlichen Kommunikation darstellt – von der Höhlenmalerei bis zur Videoanimation. Die Ausstellungsteile dokumentieren die Geschichte des technischen Fortschritts bis hin zu den elektronischen Medien der Gegenwart, so daß das Kind das Wesen der Kommunikation Schritt für Schritt begreifen kann.

So betritt das Kind den dämmrigen, schattigen Innenraum einer nachgebildeten Eiszeithöhle. Hin und wieder fallen Lichtstrahlen auf die rauhen Wände und enthüllen leuchtendbunte Bilder von Tieren, die deutlich machen, daß diese höchst lebendigen Darstellungen ein wichtiges Mittel früher Kommunikation gewesen sind. Durch den Ausgang der Höhle gelangt der Besucher in einen weiteren Ausstellungsraum: den Nachbau einer Druckerwerkstatt aus Gutenbergs Zeit. Die Kinder dürfen eine robuste Druckerpresse bedienen, funktionsfähig mit Lettern, Tinte und viel Papier, und so ganz konkret die verschiedenen Schritte des Druckens kennenlernen. »Im Zeitalter übermächtiger Medieneinflüsse«, sagt Ann Lewin, »kann selbst diese einfache Handlungsfolge eine befreiende Erfahrung sein. Sie teilt dem Kind mit: ›Auch ich kann eine Nachricht herstellen.‹«

Besonders vertieft arbeiten die Kinder im Videolabor des Museums, das mit Orginalzeichnungen von Chuck Jones ge-

112

schmückt ist. »Animation heißt: ›zum Leben erwecken‹«, sagt Jones. Mit einer Animationskamera und einem Videoband kann ein Kind seinen Zeichnungen in wenigen Minuten Leben einhauchen. Neben dem Vergnügen, das es empfindet, wenn es die verborgenen Gesetze der Bewegung entdeckt, bekommt das Kind auch eine Ahnung vom Sinn und der Bedeutung prozeßhafter Abläufe. (Nachdem ein Mädchen eine halbe Stunde damit zugebracht hat, eine winzige Bewegung in ihrer Trickfilmgeschichte eines Fahrradrennens herzustellen, wendet sie sich ihrer Freundin zu und seufzt: »Stell dir vor, wie lange es dauert, einen Film wie *Cinderella* zu machen... Wahnsinn!«) Unter anderem hat Ann Lewin die Absicht, im Kind das Bewußtsein zu wecken, daß das ganze Leben ein Prozeß ist. »Die Geduld und die Fähigkeit, eine lange Reihe von Schritten auszuführen – sich die Dinge zu erarbeiten –, sind die Voraussetzung dafür, daß das Kind später ein kreatives Leben führen kann«, sagt Lewin.

In diesem späteren Leben setzt kreative Arbeit häufig voraus, daß wir Probleme als Mitglieder von Arbeitsgruppen lösen können. Dabei wird die rein geistige Herausforderung, die die Suche nach Lösungen bedeutet, zunehmend durch die emotionalen Anforderungen ergänzt, die aus Kooperation und Konkurrenz erwachsen.

Odyssey of the Mind

Sam Micklus liebt Fazio's, einen Baumarkt mit einer schier endlosen Verkaufshalle in New Jersey. Bei Fazio's findet man fast alles. »Die sollten draußen ein Schild anbringen, auf dem steht: WENN WIR'S NICHT HABEN, BRAUCHEN SIE'S NICHT«, sagt Micklus, während er suchend durch die Gänge zwischen den Regalen wandert. Micklus ist in offizieller Mission hier. Er sucht nach ausgefallenen Objekten, die geeignet sind, Kinder vor kreative Herausforderungen zu stellen.

Sams Suche nach solchen Objekten gehört zur *Odyssey of the Mind*, einem Programm, das zur Förderung kreativer Problemlösung gedacht ist. Als Gründer dieser Odyssee bemüht sich Micklus um möglichst verblüffende Aufgabenstellungen, die von Schülerteams im Rahmen eines internationalen Wettbewerbs gelöst werden müssen. Da es ein Kreativitätswettbewerb ist, wird der Einfallsreichtum der Beiträge höher bewertet als ihre Eleganz. Es ist eine Art Kinderolympiade in Sachen innovatives Denken. 1990 haben mehr als eine Million Schüler in aller Welt daran teilgenommen.

»Es gibt keine vorgefertigten Rezepte zur Lösung der Aufgaben, die bei uns gestellt werden. Jeder hat seine eigene Art, mit ihnen fertig zu werden«, sagt Micklus.

»Nach meiner Erfahrung sind die Kinder von Landwirten vorzügliche Problemlöser. Von früh an beobachten sie, wie ihre Eltern improvisieren, wenn etwas nicht klappt. Nehmen wir an, ein Vier-Zentner-Bulle soll auf einen Viehtransporter und weigert sich. Was tun die Leute dann? Leihen sie sich eine Spezialmaschine? Nein, sie lassen sich was einfallen.«

Teamarbeit ist ein wesentlicher Aspekt der Odyssey of the Mind. »Kreative Leistungen sind dem einzelnen heute kaum noch möglich«, erläutert Micklus. »Fast alles geschieht in der

Gruppe. Die Teammitglieder müssen zusammenarbeiten, sich aufeinander verlassen und miteinander auskommen. Das verlangt ein ganzes Bündel von Fertigkeiten, die man ein Leben lang braucht.« Am besten schneiden die Teams ab, so sagt Micklus, die zum Brainstorming in der Lage sind, das heißt, die erst einmal Dutzende kreativer Lösungsvorschläge sammeln, bevor sie sich für einen entscheiden.

Jenseits von richtig oder falsch

»Ich bin der festen Überzeugung, daß sich Kreativität lehren läßt«, sagt Micklus. »Kreatives Denken ist eine Fertigkeit, die man vervollkommnen kann wie jede andere auch.« Allerdings, so fügt er hinzu, treibe man Kindern mit Sicherheit jegliche Kreativität aus, wenn man ihnen Richtig-falsch-Fragen stelle und sie für falsche Antworten bestrafe. Das Gegenmittel seiner Odyssee: offene Fragen, deren einzige Grenzen die der Phantasie sind.

»Wenn wir jungen Menschen Fragen oder Aufgaben stellen, die offen sind, dann sind wir schon ein gutes Stück weiter«, sagt Micklus. »Statt ihnen zu sagen, so und so müßt ihr das machen, wählen wir den umgekehrten Weg: Hier ist die Aufgabe, seht zu, wie ihr damit zurechtkommt. Wenn jemand eine Frage stellt, beantworten wir sie mit einer Gegenfrage.«

Einmal war die Aufgabe beispielsweise, eine Art Roboter zu bauen, ein Geschöpf, das Gefühle zeigen konnte. Zum Abschluß sollten die Erbauer es im Rahmen einer komischen Darbietung nach Belieben zum Lachen und Weinen bringen können.

Ein andermal galt es, ein Gefährt zu entwerfen, zu konstruieren und zu fahren, das durch Ruderbewegungen angetrieben wurde, mit ihm ein Rennen zu bestreiten und sich Mittel und Wege einfallen zu lassen, um optisch und darstellerisch drei Länder zu bezeichnen, durch die das Gefährt angeblich gekommen war.

Eine klassische Odyssee-Aufgabe verlangt von den Teams, aus Balsaholz und Leim zunächst Einzelteile zu bauen und aus diesen dann eine Gesamtkonstruktion herzustellen, die ausgewogen ist und möglichst viel Gewicht aushält. Sie haben fünfzehn Minuten, um sie aus den Teilen anzufertigen, die sie selbst vorfabriziert haben.

Grundsätzlich möchte man die Kinder dazu bringen, ›kognitive Schemata‹ zu durchbrechen, indem sie gewöhnliche Obekte auf ungewöhnliche Weise verwenden. Von einem hydraulischen Wagenheber sagt Micklus beispielsweise: »Ich habe Jahre gebraucht, bis mir eine Möglichkeit eingefallen ist, ihn in einer Aufgabe zu verwenden. Doch wenn sich der Kolben hebt, dann steckt da eine enorme Kraft dahinter. Also haben wir Kindern die Aufgabe gestellt, ein Fahrzeug zu bauen, das durch den Kolben eines Wagenhebers angetrieben wird.«

Nachrichten aus der kreativen Vergangenheit

Vielleicht bringt der dreizehnjährige Chester Greenwood auch in Ihr Leben ein bißchen Wärme.

Wie viele Amerikaner im 19. Jahrhundert ist Chester ein begeisterter Schlittschuhläufer, leidet aber fürchterlich unter kalten Ohren, wenn er sich auf dem alten Teich vergnügt. Im Gegensatz zu anderen unternimmt Chester etwas dagegen. Mit etwas Draht, Stoff, Wattepolstern und der Hilfe seiner Großmutter bastelt sich Chester eine Vorrichtung, die er sich von oben um den Kopf legt. Als er sich unlängst mit seiner Erfindung am Teich zeigte, lachten seine Freunde über seinen komischen Aufzug und nannten ihn wiederholt ›Elchsohr‹. Doch als es kälter wurde, verging den Kindern das Lachen: Sie mußten nach Hause gehen. Dagegen konnte Chester Schlittschuh laufen, solange er wollte.

Nun ist seine Erfindung der große Hit. Nur die Juroren zerbrechen sich noch den Kopf, wie sie sie nennen sollen. Ohrpuschel?

Aufgaben wie diese verlangen ein hohes Maß an erfinderischem Denken. Eine der denkbaren Methoden, ein Fahrzeug mit der Kraft eines Wagenhebers anzutreiben, wäre zum Beispiel die folgende: Stellen Sie sich einen langen Balken vor, der

wie eine Wippe eingesetzt wird. Wir können den Wagenheber unter dem Balken befestigen, und zwar in der Nähe des einen Endes, das im Boden verankert wird. Mit dem Wagenheber hebt sich auch das längere Ende des Balkens, und dank der Kolbenkraft kann das Balkenende noch ein Seil mit sich ziehen, das seinerseits eine Achse dreht...
Aber wahrscheinlich sind Sie schon von allein darauf gekommen.

›Großartig‹ ist das wenigste

Der Wettbewerbscharakter des Odyssee-Programms bedeutet einen zusätzlichen Anreiz für den Geist der Kreativität. Der Wettbewerb macht die Kinder nicht zu Gegnern, sondern bringt sie viel eher dazu, Seite an Seite zu arbeiten und in die kreative Arbeit ein hohes Maß an Leistungsbereitschaft einfließen zu lassen.

Wettbewerb ist durchaus sinnvoll, wenn Kinder ihr Gebiet beherrschen. Dazu Micklus: »Wenn wir einem Schüler eine Aufgabe geben, dann sagen wir meist: ›Na ja, das ist in Ordnung‹, auch wenn wir sehen, daß er sie nicht ganz richtig gelöst hat. Aber wenn die Kinder miteinander konkurrieren, dann sagen sie: ›Okay, wenn da was nicht stimmt, dann wollen wir doch mal sehen, ob wir es nicht richtig hinkriegen. Nehmen wir uns die Einzelheiten vor. Machen wir die Sache so gut, wie wir es können.‹« Dieser Leistungswille ist ein Element, das durch den Wettbewerbscharakter zur Kreativität hinzutritt.

»Wenn wir wirklich Kreativität vermitteln wollen, dann müssen wir erreichen, daß die Kinder morgens aufwachen und sich unbändig auf ihre Arbeit freuen. Wenn sie sich nicht zufriedengeben mit dem, was den Anforderungen gerade eben genügt, sondern etwas wirklich Großartiges zustande bringen wollen, dann haben sie etwas für ihr Leben gelernt und werden vielleicht eines Tages etwas leisten, was uns allen weiterhilft. Wenn die Menschen diesen einen Schritt über das Soll hinausgehen, wenn sie alle hundertzehn Prozent geben, dann wird aus einer brauchbaren Gesellschaft eine vorzügliche.«

Drittes Kapitel

Kreativität am Arbeitsplatz

»Die Welt des Machens und Holens und Bringens, des Kaufens und Verkaufens, in die wir den größeren Teil unseres wachenden Lebens investieren, wird von bestimmten Gesetzen regiert, von bestimmten Mängeln heimgesucht (die zu beheben Sie vielleicht mithelfen) und von bestimmten Gefahren bedroht, die abzuwenden Sie sich vielleicht bemühen.«

H. G. Wells

as klassische Broadway-Musical *How to Succeed in Business Without Really Trying* nimmt die traditionellen Regeln des Wirtschaftsleben satirisch aufs Korn. In einem der Lieder erläutert der unvermeidliche Bürobote dem ehrgeizigen Neuling J. Pierpont Finch, wie man in einem Unternehmen Erfolg hat.

Der Bürobote sagt, auch *er* sei einmal als tatendurstiger junger Bursche in die Firma eingetreten, habe sich aber gesagt: »Mach dir keine eigenen Gedanken.« Und er habe sich keinen einzigen gemacht, versichert er Finch voller Stolz. Er habe immer dafür gesorgt, daß er nicht aufgefallen sei, »wie in der Firma üblich«. Was für einen Standpunkt er habe? Gar keinen. Was immer das Unternehmen denke ... er denke es auch. Wenn er sich verhalte, wie es in der Firma üblich sei, so gibt der Bote zu, werde er zwar nicht nach oben kommen, aber dafür habe er einen sicheren Arbeitsplatz, denn er gehe nie ein Risiko ein.

How to Succeed macht sich lustig über Verhaltensweisen, die einst das Klima in den Unternehmen prägten – es geißelt die Angepaßtheit und die tiefsitzende Furcht vor Neuerungen. Aber die Zeiten haben sich geändert – oder nicht? Hören wir, was ein Manager unserer Tage zu berichten weiß, der einundzwanzig Jahre in der Firmenspitze eines multinationalen Unternehmens wirkte:

Das Unternehmen von heute muß sich gründlich wandeln ... Weitgehend vergeuden unsere Mitarbeiter ihre Energie, um andere unter Druck zu setzen, die Wahrheit zu verbergen, Probleme zu vertuschen, die Wirklichkeit zu leugnen ... Dieses Gefühl der Ohnmacht wird noch dadurch verstärkt, daß man Managern eiskalt erklärt: »Wenn Sie das nicht können, dann suche ich mir jemanden, der es kann.« In den meisten Unternehmen ist wenig Raum für zivilen Ungehorsam oder öffentliche Kritik. Den Mitarbeitern wird vor Augen geführt, wie Kollegen, die mutiges, unkonventionelles und kreatives Verhalten an den Tag legen, zur Zielscheibe von Lügen, Verleumdungen und Schikanen werden. Sie spüren den Mangel an Vertrauen, die Furcht, die geradezu greifbar in Fluren und Büros nistet. In den Besprechungen, in denen sich tiefes Schweigen breitmacht, wenn ein Vorgesetzter nach Problemen oder abweichenden Meinungen fragt, manifestieren sie die Pathologie des ›Gruppendenkens‹. Heute leben die Mitarbeiter amerikanischer Unternehmen in ständiger Angst, sie könnten sich irren, Fehler machen, heruntergestuft oder kaltgestellt werden. Wer so unbesonnen ist und die Mächtigen mit der Wahrheit ärgert, muß in der Regel teuer dafür bezahlen, im Zweifelsfalle damit, daß der das Unternehmen verläßt, das sich im Morast der offiziellen Parteilinie festgefahren hat.

Das sind starke Worte, doch die Wirtschaftswelt ist zunehmend auf Mitarbeiter angewiesen, die selbständig denken, sagen, was sie denken, und auf Veränderungen mit Phantasie reagieren – die, mit einem Wort, kreativ sind. Unter dem Zwang zur Kreativität müssen die Unternehmen Strukturen schaffen, die es ihren Mitarbeitern erlauben, Ideen, die unter Umständen als ärgerlich oder beunruhigend empfunden werden, offen und ohne Angst vor Repressalien zu äußern. Solche Strukturen sind in erster Linie Teams, die durch enge Kooperation zusammengewachsen sind.

Die entscheidende Frage lautet: Wie schafft es ein Unternehmen, dessen Mitarbeiter Risiken scheuen und sich mit Mißtrauen begegnen, ein Klima zu schaffen, in dem die Leute sich trauen, neue Ideen vorzuschlagen? Das ist zu einer überaus dringlichen Frage geworden, weil der Arbeitsplatz – und der Charakter der Arbeit selbst – einschneidenden Veränderungen unterworfen ist. Immer mehr Unternehmen können nur überleben, wenn sie sehr rasch auf Verbraucherwünsche nach neuen Produkten und Dienstleistungen reagieren. Heute findet der

122

Wettbewerb auf globalen Märkten statt, die die Anbieter zu ständiger Innovation zwingen.

Unternehmen, die nicht flexibel genug auf Veränderung reagieren, sind fast mit Sicherheit zum Untergang verurteilt. Doch es steht weit mehr auf dem Spiel. Ganze Volkswirtschaften sind darauf angewiesen, daß die kreativen Kapazitäten der Gesamtbevölkerung mobilisiert werden. Weit mehr als je zuvor hängt die Lebensqualität einer Nation davon ab, daß die Lösung der anstehenden Probleme mit einem Höchstmaß an Intelligenz, ja, Weisheit, in Angriff genommen wird.

Reform des Arbeitsplatzes

Von der Maschinerie zum Organismus

Mit Veränderungen des Arbeitsplatzes und der Arbeit wandelt sich auch der Kreativitätsbedarf. Dieser Wandel hat entscheidend mit dem Umgang und der Interpretation von Information zu tun – der Voraussetzung von Ideen. Die Zukunft eines Unternehmens hängt von seiner Fähigkeit ab, sich Information zu beschaffen, sie zu interpretieren und sich in seinen Entscheidungen an ihr zu orientieren. Beispielsweise konnten sich die japanischen Autohersteller in den siebziger Jahren nur deshalb so große Anteile des amerikanischen Automarktes sichern, weil Detroit den Wunsch der amerikanischen Autofahrer nach benzinsparenden Fahrzeugen unterschätzte und in seinen Entscheidungen nicht genügend berücksichtigte.

Heute haben die Informationstechnologien – vor allem Computer und Datenbanken – den Arbeitsplatz erobert und die Geschäftswelt völlig umgekrempelt. Mit diesen Technologien versuchen die Firmen, so meint Shoshona Zuboff von der Harvard Business School, Daten über die eigenen Unternehmensbereiche zu sammeln und diese Informationen in einen ständigen Lern- und Veränderungsprozeß einfließen zu lassen. Dank der neuen Informationsströme müßten die Firmen *eigentlich* in der Lage sein, ihre Produkte und Dienstleistungen ständig zu verbessern und Unternehmensbereiche wie Produktion, Vertrieb und Marketing zu optimieren. Aber, sagt Zuboff, »intelligente Maschinen brauchen intelligente Mitarbeiter«.

Wie Mitarbeiter Information interpretieren – wie sie sie aufnehmen und wie sie entscheiden, was sie bedeutet –, ist genauso wichtig wie die Information selbst. Interpretation ist ein krea-

124

tiver Akt. Doch das Kreativitätsniveau unterliegt dem Einfluß unserer Gefühle, auch derjenigen, die uns kaum bewußt sind.

Ob wir meinen, ohne Angst vor Repressalien reden zu können, ob wir denken, daß uns die anderen Vertrauen entgegenbringen, ob wir an unsere Intuition glauben – das alles spielt eine Rolle, wenn wir auf die Informationen reagieren, die wir vor uns haben. Wir brauchen uns nur an die vielen schmerzlichen Ereignisse zu erinnern, etwa die Explosion der Raumfähre *Challenger*, als sich die Verantwortlichen, obwohl sie sich vermeintlich rational verhielten und im Besitz der relevanten Informationen waren, nicht zu den notwendigen Entscheidungen aufraffen konnten oder wollten.

Da sich Kreativität aus dem Wissen *und* den Werten eines Menschen speist, aus seinen bewußten und unbewußten Regungen, seinen analytischen und intuitiven Kräften, ist eine kreative Arbeitswelt unbedingt auf die Anteilnahme und das Engagement der ganzen Person angewiesen. Zum Beispiel gibt es an der Graduate School of Business der Stanford University einen Kreativitätskurs mit dem Thema *Wer bin ich? Was ist meine Arbeit?* Der Student soll versuchen, sich über seine Möglichkeiten klarzuwerden – woraus er den Sinn, die Befriedigung und die Zielvorstellungen seines Lebens gewinnt.

Der Geist der Kreativität kann am Arbeitsplatz auf vielfältige Weise zum Ausdruck kommen. Am augenfälligsten ist natürlich die Entwicklung eines neuen Produkts, aber es gibt auch andere Möglichkeiten: Verbesserung des Kundendienstes, Einführung neuer Managementmethoden, Straffung des Vertriebs, Entwicklung günstigerer Finanzierungsmodelle. Mit kreativen Ideen läßt sich auch die Organisation selbst stärken, indem man zum Beispiel die Eigeninitiative der Arbeitnehmer fördert. Eine solche Neuerung ist der Verzicht auf restriktive und bürokratische Arbeitsplatzbeschreibungen, durch die man Mitarbeiter in ›Schubladen‹ steckt und in ihrer Leistungsfähigkeit einengt. Eine andere Methode (mit Erfolg von einem schwedischen Fertigungsunternehmen eingesetzt, aber auch von Firmen in Brasilien und den Vereinigten Staaten) sieht vor, alle finanziellen Informationen – etwa die Daten über den wöchentlichen Kapitalfluß – an alle Mitarbeiter weiterzugeben. Wenn die Firmenleitung die traditionellen Unternehmensgeheimnisse lüftet, bekommt die Belegschaft besseren Einblick in die wirtschaftliche Situation ihrer Firma und ist motiviert, selber Vorschläge zur Kostenreduzierung und Ertragssteigerung zu entwickeln.

Eine solche Veränderung des Arbeitsplatzes ist auf die vereinten Bemühungen von Management und Belegschaft angewiesen. Eine fortschrittliche Firmenleitung kann ein Klima schaffen, in dem sich die Fähigkeiten und die Initiative von Arbeitnehmern besser entfalten. Gleichzeitig können Arbeitnehmer darauf drängen, daß ihre besonderen Fähigkeiten am Arbeitsplatz stärkere Berücksichtigung finden. Wenn Management wie Belegschaft zu einer kreativeren Einstellung finden, setzt am Arbeitsplatz ein unauffälliger, aber weitreichender Wandel ein. Dabei geht es nicht nur um das Endprodukt, sondern auch und vor allem um den Arbeits*prozeß*. Es gilt, Verhältnisse zu schaffen, die es den Arbeitnehmern erlauben, dazuzulernen, sich persönlich weiterzuentwickeln und Verbesserungsvorschläge zu machen. So gesehen, ist das Unternehmen keine riesige, unpersönliche Maschinerie, sondern eher ein komplexer Organismus, der von einer lebendigen, auf ständige Anregung angewiesenen Intelligenz gesteuert wird.

Was wir tun können

Da kreative Problemlösung den psychologischen Einsatz des ganzen Menschen verlangt, muß der moderne Arbeitsplatz tiefgreifenden Veränderungen unterzogen werden. Aus den Erfahrungen fortschrittlicher Unternehmen in der ganzen Welt ergeben sich einige zentrale Aspekte, die die Psychologie des Arbeitsplatzes erheblich verändern könnten.

Überwindung der Hierarchie

Ein Anliegen sollte es sein, die negativen Auswirkungen hierarchischer Strukturen zu verringern, die Unternehmenspyramide ›abzuflachen‹. Firmen sind produktiver, wenn die Mitarbeiter an vorderster Front – in direktem Kontakt mit den Kunden – größere Verantwortung tragen und besseren Zugang zu Informationen über das Gesamtunternehmen haben. Der einzelne Mitarbeiter ist befugt, anhand dieser Informationen – und seiner Intuition – selbständige Entscheidungen zu treffen. Eine Kardinaltugend ist das Vertrauen in die Fähigkeiten der Mitarbeiter, nicht die blinde Befolgung der Unternehmensroutine.

Ein zuträgliches Klima für Ideen

Dazu gehört auch, daß Ideen frei geäußert und freundlich aufgenommen werden. Kein Arbeitnehmer, der ketzerische Vorschläge macht oder scheinbar ›dumme Fragen‹ stellt, sollte befürchten müssen, daß er zynisch und unwirsch abgefertigt wird. Neben den analytischen müssen auch die intuitiven Problemlösungsansätze willkommen sein, weil die Firmenleitung weiß, daß Gefühle und subjektive Werte bei der Entwicklung neuer Ideen eine entscheidende Rolle spielen. Das setzt eine Atmosphäre gegenseitiger Achtung voraus, ein Klima, das jeden Mitarbeiter ermutigt, den anderen seine Ideen und Einfälle mitzuteilen.

Mehr als nur ein Job

Drittens kommt es darauf an, den Begriff der Arbeit weiter zu fassen. Im Unternehmen selbst läßt sich der Arbeitsplatz freundlicher und humaner gestalten, etwa dadurch, daß man eine Tagesstätte für Säuglinge und Kleinkinder einrichtet. Man kann eine materielle Arbeitsumwelt schaffen, die die Sinne anspricht, die spontane Interaktion zwischen Mitarbeitern ganz verschiedener Bereiche und Ebenen fördert und die Möglichkeit zu Augenblicken der Entspannung bietet.

Der Arbeitsbegriff läßt sich auch dadurch verändern, daß das Unternehmen eine verantwortlichere Rolle in der Gesellschaft übernimmt. Wenn es auf die sozialen Bedürfnisse des gesellschaftlichen Umfelds reagiert, wenn es einsieht, daß es nicht nur Wohlstand schafft, sondern auch die Lebensqualität der Menschen beeinflußt, dann kann das Unternehmen dafür sorgen, daß die Arbeit ›mehr als nur ein Job‹ wird. Oder wie ein leitender Angestellter formuliert: »Es ist dann plötzlich eine *Bewegung* und nicht mehr einfach eine Firma.«

Männer und Frauen,
die neue Wege gehen

Das sind durchaus keine utopischen Vorstellungen. Sie bewähren sich in der wirtschaftlichen Realität von heute. In diesem Kapitel werden wir erfahren, wie einige fortschrittliche Unternehmen – nebst den Männern und Frauen, die sie leiten – diese Grundsätze in die Tat umgesetzt haben. Unter anderem werden wir die folgenden Firmen und Menschen kennenlernen:

• Die Unternehmerin des Jahres in Großbritannien, Anita Roddick, die Gründerin und Präsidentin von Body Shop International.

Body Shop, das eine eigene Produktpalette von Naturkosmetika vertreibt, war von Anfang an ein unorthodoxes Unternehmen. Seine Erzeugnisse orientieren sich an traditionellen Schönheitsmitteln, oft aus Kulturen der Dritten Welt, und werden ohne Tierversuche entwickelt. In den Schaufenstern von Body Shop erblickt die Kundin Plakate, die eher ihr Umweltbewußtsein als ihre Sehnsucht nach der vollkommenen weiblichen Schönheit ansprechen.

Zu den Anfängen meint Roddick: »Wir hatten reichlich

128

naive Vorstellungen vom Wirtschaftsleben und keine Ahnung, wie leichtfertig die Leute mit der Wahrheit umgehen. Zum Beispiel mengen die meisten Hersteller kein Henna in ihr ›Henna-Shampoo‹ – nur einen Duftstoff, von dem sie glauben, daß er wie Henna riecht. Deshalb brachten wir ein Henna-Shampoo auf den Markt, in dem sie reichlich vorhanden war. Leider stinkt Henna wie Pferdemist. Aber wir wollten ehrlich sein, daher sagten wir: ›Macht euch nichts draus, wenn es ein bißchen wie Pferdemist riecht – das ist nun mal so bei Henna.‹« Den etablierten Unternehmen der Kosmetikindustrie erschien die Vorgehensweise von Body Shop ziemlich absurd, und sie gaben ihm kaum eine Überlebenschance. Heute hat Body Shop fast fünfhundert Einzelhandelsgeschäfte in fast vierzig Ländern und eine jährliche Zuwachsrate von fünfzig Prozent. Inzwischen kopieren die führenden Kosmetikunternehmen Roddicks Strategie und bringen eigene Naturkosmetika auf den Markt.

Bei Body Shop wird die Kreativität durch ständige Veränderung geweckt. Roddick:»Kreativität entsteht dadurch, daß man die Regeln verletzt, liebevoll seine anarchischen Tendenzen pflegt.« Als Vorgesetzte ist ihr Motto:»Sie müssen immer ein offenes Ohr für Vorschläge haben und nicht bloß beteuern, daß Sie zuhören, in Wirklichkeit aber an ganz was anderes denken.«

Roddick glaubt, daß»sich ein Unternehmen durchaus nach moralischen Gesichtspunkten führen läßt. Man kann Geld verdienen und gleichzeitig den seelischen Bedürfnissen am Arbeitsplatz Rechnung tragen. Wenn man solche seelischen Aspekte am Arbeitsplatz berücksichtigt, dann sagt man gewissermaßen: ›Warum soll ich mich an meinem Arbeitsplatz anders verhalten, als ich mit meinen Familienangehörigen zu Hause umgehe?‹ Man führt das Unternehmen nach weiblichen Grundsätzen, deren wichtigster Aspekt die *Fürsorge* ist.«

• Yvon Chouinard hatte ursprünglich nicht vor, eines der weltweit fortschrittlichsten Unternehmen für Sportausrüstung zu gründen. Ganz und gar nicht. Ihre Entstehung verdankt

Chouinards Firma Patagonia in Südkalifornien eigentlich der
Leidenschaft ihres Gründers fürs Bergsteigen und seinem Bedarf an guten Kletterhaken, den scharfen Eisenspitzen, die
Bergsteiger in Felswände schlagen. »Da war mein Interesse am Bergsteigen und der Mangel an
guten Werkzeugen«, erinnert sich Chouinard. »Daher habe ich
mir mit achtzehn einen kleinen Schmiedeofen, einen Amboß,
ein paar Hämmer und Zangen besorgt und eigene Kletterhaken
angefertigt. Ich versuchte, die einzigen Haken, die damals im
Handel waren – sie kamen aus Europa –, zu verbessern. Sie
waren aus weichem Stahl und deshalb nur einmal zu verwenden. Ich beschloß, welche aus hochwertigerem Stahl anzufertigen.

Erst habe ich sie für mich selber hergestellt, dann für
Freunde, und kurz darauf verkaufte ich sie schon. So kam es.
Wir haben diese Kletterausrüstung nicht erfunden, aber wir
haben eine ganze Menge Neuerungen eingeführt.«

Tatsächlich habe sich das Geschäft, sagt Chouinard, ganz allmählich entwickelt: »Irgendwann kam ich an den Punkt, wo ich
nicht mehr nur ein paar von diesen Haken pro Tag anfertigen
und das Ganze eine Firma nennen konnte. Ich mußte immer
größere Mengen herstellen, und heute arbeiten hier fünfhundert
Menschen.« 1990 hatte Patagonia einen Umsatz von 120 Millionen Dollar und eine Zuwachsrate von dreißig Prozent.

Dieser Erfolg hat seinen Preis, sagt Chouinard: »Ich bin zu
einem Schreibtischhengst geworden. Um den Kopf freizubekom-
men, verdrück ich mich von Zeit zu Zeit in meine Schmiede, die
es immer noch gibt. Das macht mir wirklich Spaß.«

Daß Chouinard mehr oder weniger zufällig ins Geschäftsleben hineingerutscht ist, entspricht seinem Wesen und spiegelt
sich noch heute in seinem unorthodoxen Führungsstil. »Ich
war ein Geschäftsmann geworden, ob ich es zugab oder nicht,
aber ich beschloß, es wenigstens auf meine Art zu sein, wenn es
sich denn schon nicht ändern ließ«, sagt er. »Auf meine Weise,
das hieß, nicht nach den üblichen Regeln.«

Eine der besonderen Regeln, nach denen Chouinard ver-
fährt, ist seine Entscheidung, nicht den direkten Wettbewerb
mit anderen Unternehmen der Branche zu suchen. »Wir sind
bemüht, Produkte herzustellen, die nicht mit anderen konkurrieren«, sagt Chouinard. »Ich will nicht die gleichen Erzeugnisse herstellen wie ein anderes Unternehmen. Dann muß ich
mit Qualität, Preis, Vertrieb und Werbung in einen direkten
Wettbewerb treten – mit all den üblichen Verkaufsmethoden,
die gelten, wenn Sie das gleiche Produkt anbieten wie jemand
anders.

Statt dessen stecke ich mein Geld und meine Energie lieber in
eine sehr gute Forschungs- und Entwicklungsabteilung. So
können wir mit einzigartigen Produkten auf den Markt kommen und jeden Wettbewerb vermeiden. Wir stellen diese Produkte so rasch wie möglich her und verkaufen möglichst viele
davon, bevor sie von den anderen kopiert werden. Dann lassen
wir das Produkt fallen und entwickeln vollkommen neue
Dinge. Wir versuchen, das Geschäft ganz anders aufzuziehen,
als man es in betriebswirtschaftlichen Seminaren lernt.«

- Stellen Sie sich ein Unternehmen ohne Hierarchie vor. Ein
Unternehmen, in dem die Macht gleichmäßig verteilt ist, statt
sich an der Spitze der Pyramide zu konzentrieren. In dem es
keine finanziellen Geheimnisse gibt und in dem jeder Arbeiter
über den wöchentlichen Kapitalfluß des Unternehmens informiert ist. In dem jeder Verantwortung hat und übernimmt.
In dem persönliche Entfaltung und Eigeninitiative gefördert
werden, weil sie der Gesamtheit zugute kommen. Eine Uto-
pie?

Keineswegs. Ein solches Unternehmen gibt es in Stockholm.

Skaltek entwirft, produziert und vertreibt Schwermaschinen
für die Draht- und Kabelindustrie. Seine nach Kundenwunsch
gefertigten Maschinen werden in der ganzen Welt verkauft,
und diesen Erfolg verdankt das Unternehmen teilweise den ungewöhnlichen Methoden, mit denen es die Kreativität seiner
Mitarbeiter fördert.

Skalteks Gründer Öystein Skalleberg hatte als Ingenieur lange in herkömmlichen Firmen gearbeitet und eine tiefe Abneigung gegen ihre Strukturen gefaßt. Ihm mißfielen die Konkurrenz, die künstlichen Schranken zwischen den Menschen und das allgemeine Mißtrauen. Auch die Geheimniskrämerei und die restriktive Informationspolitik gingen ihm entsetzlich auf die Nerven. Und er verspürte keine Lust, sich an den ›hierarchischen Territorialkämpfen‹ zu beteiligen, die in solchen Unternehmen an der Tagesordnung sind.

Daher verließ Skalleberg seine alte Firma mit der Absicht, ein Unternehmen nach seinen eigenen Vorstellungen zu gründen. Bei Skaltek hat niemand eine Berufsbezeichnung, die Privilegien verheißt. Es gibt nur eine einzige Bezeichnung für alle. Schematische Arbeitsplatzbeschreibungen sucht man vergeblich, das heißt, Mitarbeiter, die eine Maschine bauen, verkaufen sie unter Umständen auch den Kunden. Auf diese Weise können Informationen über die Verwendung der Maschinen direkt in Überlegungen zu ihrer Verbesserung einfließen.

Eine noch radikalere Maßnahme ist womöglich die wöchentliche Vollversammlung der Mitarbeiter, auf der der Kapitalfluß der Vorwoche vollständig dokumentiert wird: Verkäufe, Ausgaben... einfach alles. Eine rückhaltlose Offenlegung. Und da jeder über alle Einnahmen und Ausgaben Bescheid weiß, werden die Gehälter öffentlich festgesetzt und diskutiert.

• Es gibt noch andere Methoden, die Psychologie des Arbeitsplatzes so zu verändern, daß die Mitarbeiter alle Scheu verlieren, ihre Vorstellungen frei zu äußern. Eines der ungewöhnlichsten Verfahren ist ein Abenteuerkursus, der für Mitarbeiter der Midwest Energy Company in Sioux City, Iowa, veranstaltet wird. Das Seminar trägt den programmatischen Titel ›Spielend gewinnen‹ und wird vom Pecos River Learning Center in Santa Fe, New Mexico, durchgeführt. Der Kursus ist ein *Rite de passage*, ein Durchgangsritus, der den Mitarbeitern – einschließlich der Chefs – die Erkenntnis vermitteln soll, daß es völlig in Ordnung ist, Risiken einzugehen, Routineabläufe zu verändern, sogar Angst zu zeigen vor den Kollegen. Man möchte allen Beteiligten klarmachen, daß sie nicht bestraft werden, wenn sie sich auf Wagnisse mit ungewissem Ausgang einlassen.

Die Mitarbeiter von Midwest Energy, die sich sonst nur im Rahmen ihrer beruflichen Routinen und Rollen kennen, begegnen sich während des Programms unter ganz neuen Vorzeichen – direkter und auch schutzloser. Durch die körperlichen und seelischen Anforderungen, denen sie sich gemeinsam stellen müssen, begegnen sie sich in gewisser Hinsicht sogar zum erstenmal. Da gibt es zum Beispiel den *Corporate Tower*, den Unternehmensturm, eine fünfzehn Meter hohe Kletterwand, die mit Pflöcken versehen ist. Die Mitarbeiter werden mit Bungeeseilen verbunden, so daß sie ihre Kletterbemühungen koordinieren und sich gegenseitig helfen müssen.

Solche Übungen fördern die persönliche Entwicklung und den Teamgeist. Wenn sich ein Mitarbeiter den verschiedenen Aufgaben gegenübersieht, die ihn dort erwarten – und sich, wie die meisten anderen auch, ein bißchen verzagt fühlt –, gibt ihm die Unterstützung der Kollegen den Mut, den er braucht, um sich durchzubeißen. Der Manager, der in schwindelnder Höhe auf einer kleinen Plattform steht, um sich von dort abzuseilen, hat sich schon zu einem ersten Schritt aufgerafft – buchstäblich und im übertragenen Sinn.

Larry Wilson, Chef des Pecos River Learning Center, sagt dazu: »Die meisten Menschen kennen viele Situationen in ihrem Leben, wo sie einfach nicht den ersten Schritt tun mögen. Doch wenn sie sich dazu aufraffen, ergibt sich alles andere überraschend mühelos.«

133

Jenseits der Hierarchien

Die Notwendigkeit von Hierarchien wird in der Geschäftswelt nur selten in Frage gestellt. Anita Roddick meint:»Unternehmen sind höchst konservative Institutionen. In England werden sie wie militärische Organisationen nach hierarchischen Prinzipien geführt. Gnade dir Gott, wenn du dein Auto auf den Parkplatz des Generaldirektors stellst.« Zwar beschert der Erfolg in einer Hierarchie Privilegien, er kann den Nutznießer aber auch teuer zu stehen kommen. Zugleich mit der Spitzenposition stellt sich nämlich die Angst ein, diese Position zu verlieren. Um sich zu schützen, versucht der hierarchische Manager häufig, Bedrohungen dadurch abzuwenden, daß er den Informationsfluß steuert. Störende oder enttäuschende Informationen werden unterdrückt. Die manipulierten Gefallenenzahlen und die optimistischen Hochrechnungen unter dem Motto ›Das Licht am Ende des Tunnels‹, die während des Vietnamkriegs von verantwortlichen Stellen verbreitet wurden, zeigen sehr deutlich, wozu in Bedrängnis geratene Hierarchien fähig sind.

In der Hierarchie nach oben klettern, heißt, potentielle Rivalen kaltzustellen, selbst wenn es sich um Mitarbeiter handelt, die für die Firma von großem Nutzen sein könnten. Unter Umständen heißt es auch, daß man Informationen, die nicht den Erwartungen oder Zielsetzungen entsprechen, herunterspielt oder abwertet. Möglicherweise war die mangelnde Bereitschaft des Managements, beunruhigenden technischen Berichten über mangelhafte Dichtungsringe Glauben zu schenken, einer der Hauptgründe für die Explosion der *Challenger*.

Traditionell ist es in hierarchischen Systemen üblich, daß die Mitglieder an der Spitze einer großen Zahl von Menschen Anweisungen geben können, ohne Widerspruch befürchten zu müssen. Das Urbild dieser Hierarchie ist das Königtum, dem die Überzeugung zugrunde liegt, alle Weisheit und alles Wissen gehe von einer göttlich erleuchteten Autorität aus. Wie die Geschichte zeigt, war eine Folge dieses Dünkels, daß solche hierarchischen Systeme von Verrat und oft mörderischen Intrigen erschüttert wurden, weil sich die Beteiligten hinter den Kulissen um die Macht balgten. Zwar hat sich die hehre Tradition der unantastbaren Autorität – wie sie einst im Priestertum und Militär verkörpert war – nie ganz aus dem Geschäftsleben verflüchtigt, aber ganz gewiß hat sie ihren praktischen Nutzen längst eingebüßt.

Unter anderem liegt das daran, daß Manager heute lieber informieren als befehlen. Nach Ansicht von Jan Carlzon, dem Präsidenten und Vorstandsvorsitzenden des Scandinavian Airlines System (SAS), ist Informieren das Gegenteil von Befehlen. »Ein Befehl sagt Ihnen, was Sie nicht dürfen, wo Ihre Grenzen sind«, sagt er, »dagegen gibt Ihnen Information Aufschluß über Ihre Möglichkeiten. Ein Mitarbeiter, der gründlich informiert ist, kann sich nicht mehr vor der Verantwortung drücken.«

Ein Führungsstil, bei dem Information an der Spitze eifersüchtig gehütet wird und Entscheidungsprozesse nur von oben nach unten verlaufen, führt dazu, daß die Arbeit mechanisch, ohne Inspiration erledigt wird. Jim Carlzon: »Wir haben die Leute an ihrem Arbeitsplatz gegängelt, indem wir ihnen Befehle und Anweisungen gegeben haben, ihnen in allen Einzelheiten vorgeschrieben haben, was sie da draußen zu tun hatten – obwohl wir keine Ahnung, keine Information darüber hatten, was der Kunde wirklich wollte. Im Endeffekt aber – und das war am schlimmsten – teilten die Befehle den Leuten mit, was sie nicht tun durften, sie schränkten ihre Verantwortung ein.«

»Heute müssen diese Strukturen aufgebrochen werden, damit die Mitarbeiter Verantwortung übernehmen können«, fügt Carlzon hinzu. »Wir müssen ihnen die Vollmacht geben, die sie brauchen, um auf der Stelle Entscheidungen treffen zu können. Dazu sollten wir den Leuten sagen, wo wir als Unter-

135

nehmen hinwollen und wie wir das anzustellen gedenken. Und dann müssen wir ihnen die Freiheit lassen, im Interesse der Firma zu handeln.«

Der Mann, der seinen Chef haßte, aber seine Arbeit liebte

All diejenigen unter uns, die mit den Bedingungen an ihrem Arbeitsplatz nicht ganz zufrieden sind, finden vielleicht Trost in dieser Fabel aus der modernen Arbeitswelt.

Es war einmal ein Mann, der liebte seine Arbeit und seine Kollegen. Und er verdiente ein schönes Stück Geld. Nur einer paßte nicht ins Bild – sein Chef. Der machte ihm das Leben zur Hölle, so daß dem Mann nur ein Ausweg blieb: Er beschloß zu kündigen. Deshalb beauftragte er einen Headhunter, ihm eine neue Stellung zu besorgen. Aber glücklich machte ihn das nicht, denn im Grunde wollte er bleiben, wo er war. Auf dem Gipfel seiner Verzweiflung hatte der Mann eine kreative Idee. Warum war er nicht schon vorher darauf gekommen? Wieder wandte er sich an den Headhunter, gab ihm aber diesmal den Namen und die Unterlagen seines *Chefs*. Der Headhunter fand eine bessere Stellung für den Chef, der sie hochzufrieden annahm. Der Mann behielt seine Stellung und wurde am Ende in die Position seines Chefs befördert.

Berufsbezeichnung: Leonardo da Vinci

Bei Skaltek übernehmen Mitarbeiter unter anderem dadurch Verantwortung, daß sie ihre Arbeit signieren. Jede Maschine, die die Fabrik verläßt, trägt die Unterschrift des Konstrukteurs, des Ingenieurs und der anderen Arbeiter, die sie gefertigt haben. Diese Unterschriften stellen eine persönliche Verbindung zum Kunden her.

Dadurch daß jeder bei Skaltek seine Arbeit signiert, kommt er in den Rang eines Künstlers, was ganz wörtlich zu verstehen ist. »Jeder Mensch ist ein Leonardo da Vinci«, sagt der Unternehmensgründer Öystein Skalleberg. »Leider weiß er es nicht.

136

Seine Eltern haben es nicht gewußt und ihn nicht wie einen Leonardo behandelt. Daher ist er auch keiner geworden. Das ist meine Grundüberzeugung.«

Diese Überzeugung hat ihn veranlaßt, jene Unternehmenskultur zu schaffen, die Skalteks Besonderheit ausmacht. Nehmen wir beispielsweise die Frage der Berufsbezeichnungen und Geschäftskarten. Bei Skaltek hat jeder die gleiche Geschäftskarte: ein Foto, sein Name, seine Telefonnummer und die Bezeichnung: ›Mitarbeiter an verantwortlicher Stelle‹. Skalleberg meint:»Ich glaube nicht an Berufsbezeichnungen, denn sobald eine solche Bezeichnung vergeben ist, packen Sie den Betreffenden in eine Schublade und kleben ein Etikett drauf. Wenn wir Berufsbezeichnungen hätten, wie sollten die lauten? ›Leonardo da Vinci‹, ›Unbegrenzte Möglichkeiten‹ oder ähnlich.«

Bei Skaltek können sich die Mitarbeiter auf eine sehr viel konkretere Weise definieren.»Die Produkte offenbaren, wer sie sind. Das Produkt ist ein Ergebnis der Menschen, die daran gearbeitet haben – ihrer Gedanken, ihres Ehrgeizes, ihrer Bedürfnisse, ihres Qualitätsbewußtseins. Bei uns gibt es keine Qualitätskontrolle«, sagt Skalleberg.»Alles ist auf die Verantwortung des einzelnen abgestellt. Man könnte sagen, wir haben einen Qualitätsprüfer pro Mitarbeiter – und der arbeitet umsonst, vierundzwanzig Stunden pro Tag.«

Verzicht auf Kritik

Das größte Hindernis für ein kreatives Leben ist die innere Stimme der Skepsis und der Vorbehalte: die Stimme der Kritik oder einfacher: SDK. Ein erster Schritt im vernünftigen Umgang mit ihr ist das Eingeständnis, daß Sie sie haben! Nehmen Sie sich einen Augenblick Zeit und versuchen Sie, sich an eine Episode in Ihrem Leben zu erinnern, wo Sie eine Idee hatten und zögerten oder sich scheuten, sie auszusprechen oder in die Tat umzusetzen. Vielleicht hat später jemand anders genau das getan, woran Sie damals gedacht haben, und dann haben Sie sehr bedauert, daß Sie sich nicht selbst getraut haben. Die SDK ist der Teil von Ihnen, der einerseits dafür sorgt, daß Sie Angst haben, eine Idee zu verwirklichen, und andererseits, daß sie hinterher bereuen, es nicht getan zu haben. Die SDK kann verschiedene Erscheinungsformen annehmen. Als innere Stimme ist sie gewöhnlich besonders einschüchternd – aber es gibt auch die Kritik durch

137

andere, zu der die Verhaltensregeln unserer Kultur gehören, zum Beispiel die Etikette, die ›unkonventionelles‹ soziales Verhalten verurteilt. Sobald die SDK Sie im Griff hat, kann Sie sie in ein Labyrinth der Negativität verstricken, wie zum Beispiel die folgende absurde Situation zeigt: Die SDK hindert Sie daran, etwas zu tun. Daraufhin wirft Ihnen Ihre SDK Willensschwäche vor. Sie sind niedergeschlagen. Nun verurteilt die SDK Sie aufs schärfste wegen der Niedergeschlagenheit (sie verträgt sich nicht mit Ihrem Selbstbild). Schließlich kommt ein Freund zu Besuch und wäscht Ihnen den Kopf, weil Sie erstens Ihre Idee nicht in die Tat umgesetzt haben und zweitens sich so gehenlassen!

Bei den meisten Menschen herrscht offener Krieg zwischen dem Geist der Kreativität und der SDK. Noch bevor ihre Ideen ins Licht des Bewußtseins gelangen, von einer Verwirklichung ganz zu schweigen, sind sie unter Umständen schon elend verendet unter dem Störfeuer der SKD – den negativen Botschaften, die sie pausenlos sendet:

»Sag mal, für wen hältst

Dahinter steht die Überzeugung, daß ein Arbeitnehmer eine sehr hohe Arbeitsmoral entwickelt, sobald man ihm Verantwortung überträgt. Dieses Verantwortungsgefühl wird noch dadurch verstärkt, daß viele Mitarbeiter, die am Entwurf und Bau der Skaltek-Maschinen beteiligt sind, die Maschinen bei der Auslieferung begleiten, um den Kunden zu zeigen, wie sie bedient werden. Infolgedessen knüpfen Skaltek-Mitarbeiter persönliche Beziehungen zu ihren Kunden.

Wenn man Menschen an ihrem Arbeitsplatz mit Verantwortung betraut, dann haben sie die Möglichkeit, sich kluge Lösungen für Probleme einfallen zu lassen, auf die sie stoßen. Yvon Chouinard berichtet von Patagonia: »Die Firmenleitung sieht ihre Aufgabe darin, Veränderungen anzuregen, die Mitarbeiter herauszufordern, indem sie erklärt: ›Das ist der Standard, den wollen wir erreichen.‹«

Beispielsweise hat man bei Patagonia die Entscheidung getroffen, auf die Maschinen zu verzichten, mit denen in der Bekleidungsindustrie Knöpfe angenäht werden. Der Grund: Allzuoft waren die Stiche fehlerhaft. Daher setzte man einen Standard: Kein Patagonia-Knopf sollte jemals abreißen, ganz gleich unter welchen Umständen.

»Wir haben einfach die Vorgabe gemacht«, sagt Chouinard. »Daraufhin zerbrach sich jeder in der Firma den Kopf darüber. Das fordert den Verstand und die Phantasie der Mitarbeiter heraus. Und obendrein kommt dabei noch ein ausgezeichnetes Produkt heraus.«

An den Ergebnissen teilhaben

Als Sarah Nolan Präsidentin der Amex Life Assurance wurde, übernahm sie ein Unternehmen, das nur träge auf Kundenwünsche reagierte. Es gab eine straffe Hierarchie, wenig Kommunikation zwischen Mitarbeitern, die in unterschiedlichen Aufgabenbereichen beschäftigt waren, und noch weniger zwischen verschiedenen Ebenen der Hierarchie.

Als sie von New York an die Hauptverwaltung der Versicherung in San Rafael, Kalifornien, ging, erklärten ihr die leitenden Angestellten, die Probleme ließen sich nicht lösen – so laufe es nun mal in der Versicherungsbranche. Doch Nolan forderte fünf Manager aus verschiedenen Unternehmensbereichen auf, in einem ungenutzten Gebäude, das in einiger Entfernung von der Verwaltungszentrale lag, ein Büro einzurichten. Konfrontiert mit einem leeren Bürogebäude und dem Auftrag ihrer Präsidentin, für radikale Veränderungen zu sorgen, be-

du dich eigentlich?« TREFFER! In der Regel reicht das schon, um zarte Pflänzchen einer neuen Idee zur Strecke zu bringen. Falls nicht, setzt die SDK die Angriffe eben fort, bis die Idee sich nicht mehr rührt: »Denk dran, dein Job ist ziemlich wackelig.« »Die halten dich für bekloppt.« »Am Ende stehst du wie ein kompletter Idiot da.« »Klar, das ist eine gute Idee, aber *du* wirst sie doch nicht davon überzeugen können.« »Denk dran, deine Eltern haben es nie zu was gebracht.« »Wenn du das hier vermasselst, kriegst du nie wieder eine Chance.« »Halt lieber den Mund und überlaß die Sache jemand anders.« Dieser Psychokrieg hält den ganzen Tag an und beeinträchtigt paradoxerweise auch Ihre nichtberufliche Interaktion, die Sie für Ihr Wohlergehen brauchen. Zum Beispiel möchten Sie gern eine Frau begrüßen, die Sie bei der Arbeit oder im Restaurant sehen. Im entscheidenden Augenblick meldet sich die SDK:»Siehst du nicht, daß sie mit jemand anders redet? Wer bist du denn, daß du die beiden unterbrechen dürftest?« Der Impuls, die Bekanntschaft herzustellen, ist in sich zusammengefallen. Wer weiß, wozu diese Bekanntschaft geführt hätte?

Gewöhnlich wird uns die SDK in der Kindheit eingepflanzt, wenn uns Eltern, Lehrer und andere Autoritätsfiguren sagen, was sich gehört und was nicht, und wenn sie ihre Ratschläge und Ermahnungen mit Zugaben wie *Dummkopf*, *Idiot* und *Trottel* versehen. Noch verheerender können sich Mienenspiel und Tonfall auswirken. Bei solchen Gelegenheiten verinnerlichen wir die SDK und schleppen sie für den Rest des Lebens mit uns herum.

Nun könnten Sie einwenden:»Diese SDK, die Sie so scharf verurteilen, teilt mir mit, was richtig ist. Ohne sie würde ich in meinem Leben viele Fehler machen.« Da hätte sich dann schon wieder die SDK zu Wort gemeldet, die sich rauszureden versucht, indem sie den Unterschied verwischt zwischen Gedanken, die hemmen (SDK), und Gedanken, die uns Möglichkeiten

gannen sie, eine ganze Abteilung der Organisation neu zu konzipieren.

Einer der fünf, ein Direktor der Kundenabteilung, meinte:»Unter den alten Verhältnissen war ich völlig isoliert; ich hatte ein großes Büro, und wer mich aufsuchen wollte, mußte sich einen Termin geben lassen.« Dieser Leerlauf der Hierarchie wurde durch eine Reihe drastischer Veränderungen abgestellt:

- Die Manager entwarfen ein offenes Büro ohne Wände vom Fußboden zur Decke, wie sie in den hermetisch abgeteilten Büros der Versicherungsbranche üblich sind.

- Die Hierarchieebenen wurden von zehn auf drei reduziert.

- Mit einem Computer auf jedem Schreibtisch konnte jeder Mitarbeiter alle notwendigen Informationen auf den Bildschirm holen und nutzen, auch solche Informationen, die bislang der Unternehmensleitung vorbehalten waren.

- Innovative Ideen wurden begrüßt.

- Rigide Arbeitsplatzbeschreibungen wurden aufgehoben, so daß die Mitarbeiter mehr Verantwortung bekamen und übernahmen: Jeder war bereit, jede Aufgabe erledigen.

Das Ergebnis: Das Unternehmen konnte weit besser auf Kundenwünsche reagieren als vorher. Die Zeit, die man benötigte, um Anträge zu bearbeiten und Kundenprobleme zu behandeln, verkürzte sich enorm, während die Gewinne der Abteilung um siebenhundert Prozent stiegen. »Es ist verblüffend«, sagt Nolan, »wozu Mitarbeiter bereit sind, wenn sie an den Ergebnissen ihrer Arbeit teilhaben.«

Eine Möglichkeit, Mitarbeiter eine solche Teilhabe zu ermöglichen, besteht darin, daß man sie offen über die finanzielle Situation des Unternehmens informiert. Bei Skaltek zum Beispiel gibt es keine finanziellen Geheimnisse. Wenn man die Mitarbeiter über alle Tatsachen unterrichtet, dann interessiert man sie auch für alle Belange der Firma. Darin sieht Skalleberg den größen Nutzen seines Vorgehens: » Wenn es Ihnen wirklich um Kooperation und Teamarbeit geht, dann müssen Sie die Leute nicht nur für einen Teil des Ganzen, sondern für das Ganze interessieren.«

Eine Maßnahme bei Skaltek, die diesem Zweck dient, sind die Montagmorgenversammlungen, die unter der Bezeichnung ›Information Kapitalfluß‹ laufen. Da werden alle Mitarbeiter eingehend über die aktuelle Geschäftslage unterrichtet, über die Zahl der Aufträge, die im Laufe der Woche eingegangen sind – über all die Einzelheiten, die gewöhnlich für die privilegierte Minderheit in den Chefetagen reserviert sind.

»Wir haben jede Woche einen Umsatz von ungefähr hundert Millionen Kronen und liegen bei einen Gewinn nach Steuern von fünfundzwanzig Millionen – und daraus haben wir nie ein Hehl gemacht«, sagt Skalleberg. »Alle wissen das. In anderen Unternehmen heißt es, daß die Leute auf die Barrikaden gehen und höhere Löhne verlangen würden, wenn man ihnen solche Informationen gäbe. Das stimmt überhaupt nicht. Sie sind stolz darauf, wie gut wir dastehen. Aber nach ein paar Monaten sehen sie, daß die fünfundzwanzig Millionen dieser Woche auf

eröffnen und uns vorwärtsbringen.

Beide Stimmen bieten kritische Auffassungen, aber sie gehen auf völlig verschiedene Motive zurück. Die eine läßt sich von der Angst leiten und möchte uns zurückhalten. Aus der anderen spricht Neugierde und der Wunsch, uns voranzubringen. Letztere ermöglicht uns, unsere Ziele klug und mutig anzusteuern.

Weiter auf Seite 147

zwölf oder zehn zurückgehen, und dann beginnen sie zu verstehen, wie es im Geschäftsleben wirklich läuft.«

Dazu meint ein Skaltek-Arbeiter:»Wir wissen, was uns die Maschine kostet, die wir verkaufen, und wieviel Geld wir an einem Verkauf verdienen. Auch die anderen Kosten sind uns bekannt – Löhne, Reisen, Steuern und Abschreibungen.« Da die Mitarbeiter bei Skaltek wissen, was dem Unternehmen für Kosten entstehen und wieviel der einzelne produziert, haben sie auch realistischere Lohnvorstellungen.»Ich finde es richtig, über all diese Dinge Bescheid zu wissen«, fügt der Skaltek-Arbeiter hinzu.»Wenn du keine Ahnung davon hast, dann weißt du auch nicht, was *du* für einen Beitrag leistest.« Ein anderer Mitarbeiter sagt:»Das ganze Team hat mein Gehalt öffentlich festgesetzt. Jeder hat seine Meinung dazu gesagt. Das ist eine gute Sache.«

Dazu meint Skalleberg:»Bei uns weiß niemand, wer sein Gehalt im nächsten Jahr festsetzen wird, weil wir alle daran beteiligen.« Und mit einem verschmitzten Grinsen fügt er hinzu:»Deshalb müssen sie zu jedem freundlich sein und sich überall lieb Kind machen.«

Klein ist besser

Die Organisationsgröße ist sehr wichtig für die Kreativität am Arbeitsplatz. Die Ausmaße eines Unternehmens stehen ihrer Natur nach in einem umgekehrten Verhältnis zur Äußerung individueller Vorstellungen. Am geeignetsten für kreative Arbeit scheint eine Umgebung in der Größenordnung der erweiterten Familie zu sein, eine Gruppe, in der jeder jeden kennt.

Daraus folgt, daß man große, straff organisierte Unternehmen in kleinere, halbautonome Einheiten aufgliedern sollte. Ein Vertreter dieser Auffassung ist Jim Collins, der an der Graduate School of Business der Stanford University lehrt.»Als unsere Gesellschaft von kleineren Organisationseinheiten zu größeren übergegangen ist«, sagt Collins,»hat sie sich um die

Fähigkeit zu innovativem Denken gebracht. Früher hatten wir kleine lokale Schulen. Heute haben wir große Schulsysteme. Früher gab es den Hausarzt, heute haben wir riesige bürokratische Klinikkomplexe. Einst hatten wir lokale Selbstverwaltungssysteme, wo jeder sprechen konnte und von allen gehört wurde. Heute finden landesweite Wahlen statt, an denen sich viele gar nicht mehr beteiligen. Alles ist überdimensioniert. Natürlich ist es ökonomischer, wenn alles in großem Maßstab geschieht. Aber dabei büßen wir eines ein: kreative Spitzenleistungen. Masse erzeugt Konformität.«

Die Geschichte des wirtschaftlichen Wachstums im Westen zeigt, daß er seinen Wohlstand weitgehend einer Folge innovativer Entwicklungssprünge verdankt. Diese Entwicklungen – die Erfindung einer vollkommen neuen Technologie, eines Produkts oder einer Dienstleistung – waren in der Regel kleinen

---

Jazz – ein geeignetes Modell

Es gibt kaum Mitglieder anderer kreativer Teams, die so eng miteinander verbunden sind wie Jazzmusiker im Augenblick des Spiels. Jeder Musiker folgt seinen eigenen Ideen, und doch produzieren sie alle gemeinsam ein einziges musikalisches Gebilde. Der Jazz liefert ein gutes Modell für kreative Arbeit in kleinen Gruppen.

Der Jazzmusiker Benny Golson, der die Musik für die Fernsehserie *The Creative Spirit* geschrieben hat, beschreibt, wie die Zusammenarbeit von Jazzern aussieht:»Zunächst einmal setzt Zusammenarbeit eine vernünftige Auswahl voraus, damit die zwei oder drei Leute, die da zusammenarbeiten, auch was voneinander halten. Doch sobald es losgeht, ist es, als ob du Eisen an Eisen schärfst. So wie du zwei Messer schleifst, indem du das eine am anderen abziehst. Du versuchst die Lücken zu füllen, die der andere ausläßt. Einer wird zum Barometer für den andern. Und einer reißt den anderen mit.«

Seine musikalischen Aufschwünge verdankt das Jazzensemble gegenseitigem Vertrauen:»Dann hebst du in eine andere Dimension ab, und das machst du nicht allein. Du bist mit anderen zusammen, und ihr habt das Ziel, was Neues auf die Beine zu stellen. Das kann phantastisch sein – solange ihr aneinander glaubt.«

Firmen oder relativ unabhängigen Abteilungen von Groß-
unternehmen zu verdanken.

Daraus folgt, so Collins, daß wir uns überlegen müssen, ob
es nicht besser ist, unsere Organisationen in immer kleinere
und kleinere Einheiten aufzugliedern und ihnen ein hohes Maß
an Autonomie innerhalb des größeren Ganzen zuzubilligen.
»Silicon Valley«, sagt Collins, »ist ein Ort, wo sich kleine Firmen und kleine Abteilungen großer Unternehmen frei entfalten
konnten, ohne von Riesenbürokratien eingeengt zu werden. Da
haben sich Nebenprodukte von Nebenprodukten von Nebenprodukten ergeben, und sie sind alle in den Köpfen kühner Vordenker entstanden. Das ist so, als nimmt man einen großen
Diamanten und zerschneidet ihn in viele kleine Diamanten,
und die werden dann wieder zu großen Diamanten.«

Gemeinsam klettern

Eng zusammengewachsene Teams, die sich die besonderen
Stärken und Fähigkeiten aller Gruppenmitglieder zunutze machen, sind unter Umständen intelligenter und leistungsfähiger
als jedes einzelne Mitglied der Gruppe. Der Psychologe Robert
Sternberg von der Yale University spricht in diesem Zusammenhang vom ›Gruppen-IQ‹ – der Summe oder sogar dem Produkt aus den Begabungen aller Gruppenmitglieder. Was dem
einen fehlt, kann vielleicht ein anderes Gruppenmitglied bei-
steuern, während alle von den Vorzügen jedes Gruppenmit-
glieds profitieren. Wenn ein Team harmonisch zusammenar-
beitet, ist der Gruppen-IQ am höchsten. Damit kommt dem
Führer, der für eine reibungslose Zusammenarbeit des Teams
sorgen kann, besondere Bedeutung zu – einem Führer, der
weiß, welche Vorteile Offenheit, Vertrauen und Ermutigung
haben.

Innovation besteht aus zwei Schritten: der Entwicklung einer
neuen Idee und ihrer Verwirklichung. Ein einsamer Erfinder

kann zwar eine umwälzend neue Idee haben, aber sie zu realisieren und erfolgreich auf den Markt zu bringen wird ihm immer schwerer fallen, wenn er kein Team an seiner Seite hat. Die nächsten Generationen der Supercomputer, der gentechnisch hergestellten Medikamente, der erneuerbaren Energiequellen werden sicherlich alle nur in Teamarbeit entwickelt werden können.

Besonders leicht hat es die Teamarbeit in Japan, wo der Gruppenharmonie traditionell ein hoher gesellschaftlicher Wert beigemessen wird. Viel schwerer tut sie sich in Kulturen wie der amerikanischen, wo der Pionier, der einsame Held, der unbeirrbar seinen Weg geht, lange Zeit als gesellschaftliche Idealvorstellung galt und wo die Ziele des einzelnen so häufig über die der Gruppe gestellt werden. Aber sogar Leute, die daran gewöhnt sind, allein zu arbeiten, können die Vorzüge der Teamarbeit schätzenlernen.

Eine Möglichkeit, Menschen vom Wert der Teamarbeit zu überzeugen, ist die Kletterpartie auf dem Corporate Tower am Pecos River Learning Center, wo die Mitarbeiter von Midwest Energy einen Trainingskurs absolviert haben. Der Tower ist die Nachbildung einer Felswand, knapp fünfzehn Meter hoch und mit kleinen Pflöcken versehen. Jeweils drei Leute versuchen sich am Tower, alle durch Bungeeseile verbunden – eine sinnfällige Metapher für kreative Zusammenarbeit. Auf ganz konkrete Weise überzeugt diese Veranstaltung die Teilnehmer von der Richtigkeit der Maxime:»Ich muß es selbst tun, aber ich kann es nicht allein tun.«

Der Grund: Jeder Kletterer kann nur so schnell oder so weit vorankommen wie die beiden anderen, mit denen er zusammengebunden ist.»Je höher sie steigen, desto kitzliger wird es«, sagt Larry Wilson vom Center.»Da muß man sich wirklich gegenseitig unterstützen, ermutigen und helfen. Und man muß auch bereit sein, um Hilfe zu bitten, etwas, was unseren Machos besonders schwer fällt.

Doch wenn sie da oben in der Klemme stecken, dann stellen

sie fest, daß sie tatsächlich um Hilfe bitten und daß sie besser zurechtkommen, wenn sie Hilfe bekommen. Das schweißt ein Team zusammen – drei Leute unter Streß und Druck, die gemeinsam weit mehr leisten, als sie sich zugetraut haben.«

Der Führer als Provokateur

Wie sorgt man dafür, daß das Feuer der Kreativität in einer jungen, begeisterten Gruppe von Mitarbeitern nicht erlischt? Anita Roddick hat da einige ungewöhnliche Ideen entwickelt.

»Sie müssen die Fähigkeit haben, sie zu überraschen«, sagt Roddick. »Wenn ich unsere Niederlassungen in aller Welt aufsuche, gehe ich in die Besprechung mit meinen Mitarbeitern und frage sie: ›Womit geht euch die Zentrale besonders auf die Nerven?‹

Zunächst denken sie natürlich, daß sie sich verhört haben. ›Meint sie wirklich, daß die Zentrale manchmal Mist baut?‹ Ich muß sie dazu bringen, daß sie in mir nicht mehr die großartige Geschäftsfrau oder die Repräsentantin eines riesigen, erfolgreichen Unternehmens sehen. Wenn Sie die Mauern einreißen, die solche Vorstellungen in den Köpfen errichten, dann können Sie die Fragen ansprechen, die wirklich wichtig sind: Was haltet ihr von eurer Arbeit? Was gefällt euch an ihr? Was kann ich tun, damit eure Aufgabe interessanter wird?

Ich habe in dem Unternehmen nur noch die Aufgabe, zu motivieren, Ziele vorzugeben, neue Wege aufzuzeigen, damit meine Leute ein bißchen Leben spüren. Der Verkauf von Feuchtigkeitscreme vermittelt einem nämlich wahrlich nicht das Gefühl, lebendig zu sein.

Aber die Möglichkeit, sich über die Regeln hinwegzusetzen und eigenwillige Ideen am Arbeitsplatz zu verwirklichen, gefällt den Leuten, denn unsere Gesellschaft hat ihnen beigebracht, nichts in Frage zu stellen. Wir gestatten ihnen, die Dinge in Frage zu stellen.

Für unsere Recycling-Kampagne haben wir beispielsweise achtundzwanzig Millionen Tüten für Body-Shop-Produkte bedruckt. Einfache Papiertüten, alle recycelt. Und wir haben die Regierung gefragt, warum druckt ihr eure Telefon, Gas- und Elektriziätsrechnungen nicht auf Umweltpapier? Wir haben diese Forderung auf Plakaten festgehalten und in unseren Läden ausgehängt. Wir haben dem Kunden mitgeteilt, wie viele Millionen wir jedes Jahr gespart und wie viele Bäume wir gerettet haben. Und um dem Ganzen die Krone aufzusetzen haben wir auch noch die Telefonnummer und die Adresse der verantwortlichen Regierungsbeamten auf die Plakate drucken lassen, damit die Leute wußten, an wen sie sich wenden konnten. Man muß den Menschen nur zeigen, wie es geht, dann gewinnt ihr Denken eine ganz neue Qualität.

Sie müssen den Leuten Spielräume lassen und die Angst vor Risiken nehmen. Beispielsweise schließen am Freitagnachmittag alle unsere Forschungs- und Entwicklungslabors. Aber jeder, der Lust hat, ein bißchen herumzuprobieren, um neue Produkte zu entdecken, hat freien Zugang zu den Labors. Und wenn jemand ein tolles Produkt entwickelt, dann kümmern wir uns darum, bringen es auf den Markt und zahlen ihm eine Gewinnbeteiligung. Das bricht die verkrusteten Strukturen auf.«

Heuristische Regel: Begrüß deine SDK – und sag ihr dann adieu

Den ganzen Tag haben Sie Gelegenheit, sich im Kampf gegen Ihre SDK zu üben. Machen Sie sich – im Sinne von ›Erkenne deinen Feind‹ – bewußt, wie Ihre SDK vorgeht. Versuchen Sie zu verstehen, welche Ursachen sie hat. Wie oft meldet sie sich im Laufe des Tages? Folgende Übung können wir Ihnen empfehlen: ☞* Denken Sie an jemanden, zu dem Sie eine enge Beziehung haben oder mit dem Sie viel zusammenarbeiten. Schreiben Sie oben auf ein Blatt Papier:»Das Ärgerliche an (Name) ist«, und sammeln Sie darunter Einwände, die Sie gegen diesen Menschen haben, zum Beispiel:»Führt Anweisungen nicht richtig aus«, oder:»Muß immer im Mittelpunkt stehen.« Auf ein weiteres Blatt Papier schreiben Sie als Kopf:»Das Ärgerliche an mir ist...« und stellen einen entsprechenden Katalog für Ihre eigene Person zusammen.

Vergleichen Sie nun die beiden Listen miteinander. Gibt es größere Übereinstimmungen zwischen den Einwänden, die Sie gegen sich selbst haben, und den Einwänden gegen den anderen Menschen? Sollte es der Fall sein, ist das keine Überraschung. Aus der Psychologie kennen wir das Phänomen der Projektion. Wir verstehen darunter die Tendenz, anderen Menschen Eigenschaften zuzuschreiben, die wir aus verschiedenen Gründen bei uns selbst nicht eingestehen mögen.

Mit Hilfe der beiden Listen können Sie sich nicht nur klarmachen, wie die SDK Ihre Absichten und Chancen durchkreuzt, sondern auch, wie sie Ihre Beziehungen zu anderen Menschen vergiftet.

Weiter auf Seite 153

Dieser neue Führungsstil, der Mitarbeitern in jeder Weise hilft, ihre kreativen Möglichkeiten nutzbar zu machen, ist in der heutigen Wirtschaft unentbehrlich. Er trägt dem Umstand Rechnung, daß es nur eines brillanten Einfalls eines einzigen Mitarbeiters bedarf, um dem Unternehmen einen Wettbewerbsvorteil zu verschaffen.

Noch vor zehn oder zwanzig Jahren war in vielen Ländern und Branchen die Nachfrage an Produkten und Dienstleistungen größer als das Angebot. Da konnte sich mancher Firmenchef den Luxus leisten, das Unternehmen vom Hauptsitz aus nach Gutdünken zu führen, während sich die Kunden mit dem zufriedengeben mußten, was sie bekamen. Doch heute, im Zeitalter der Globalisierung, da Grenzen praktisch keine Rolle mehr spielen, hat sich der Kundeneinfluß enorm erhöht. Will das Unternehmen wettbewerbsfähig bleiben, dann ist es gezwungen, sich auf dem Markt umzutun und Verbraucherpräferenzen zu erkennen. Den Wettbewerbsvorteil bringt die zündende Idee an vorderster Front, dort, wo das Unternehmen mit den Kunden Berührung hat.

»Der Augenblick der Wahrheit kommt, sobald Sie mit Kunden zu tun haben«, sagt Jan Carlzon von SAS. »Wenn die zufrieden sind, ist das Unternehmen in guter Verfassung. Doch wenn an dieser Nahtstelle schlechte Arbeit geleistet wird, dann ist der Weg des Unternehmens gepflastert mit unzufriedenen Kunden und führt letztlich in den Bankrott.« Doch die zündende Idee, die richtige Reaktion, so fügt er hinzu, läßt sich aus

148

der Distanz der Zentrale nicht finden. »An der Front, nicht in der Etappe der Zentrale hat man die Information, mit der man seine Intuition füttern muß, damit sie die richtigen Entscheidungen trifft.« Daher, meint Carlzon, müssen die Unternehmen ihre Organisationsstruktur gründlich überdenken und die Entscheidungsbefugnisse, die bisher an der Spitze der Pyramide konzentriert waren, möglichst breit streuen.

»Die einzige echte Informationsquelle ist der Kunde, der bereit ist für das zu bezahlen, was Sie ihm anzubieten haben«, meint Carlzon. »Wenn Sie das verstanden haben, setzen Sie den Kunden an die Spitze aller Ihrer Organisationspläne. Und gleich nach den Kunden kommen die Mitarbeiter, die da draußen mit ihnen arbeiten, die Tag für Tag mit den Kunden zusammenkommen. Und Sie geben diesen Leuten die Freiheit, die Verantwortung und die Befugnisse, die sie brauchen, um auf der Stelle die Entscheidungen zu treffen, die den Interessen des Unternehmens dienen.

Dann erkennen Sie, daß die Verwaltung – die Zentrale – mit all den Managern, die früher an der Spitze des Organisationsplans stand, eigentlich ganz nach unten rutschen müßte. Wir müssen uns als Hilfstruppen für die Leute verstehen, die an der Kundenfront tätig sind.«

Nach dem neuen Verständnis, das Carlzon vorschlägt, fällt den Managern eine ganz neue Aufgabe zu: nämlich die Leute zu unterstützen, die direkt mit dem Kunden zu tun haben, alles in ihren Kräften Stehende zu tun, damit diese Mitarbeiter das Unternehmen so gut wie möglich repräsentieren können.

Sich anpassen, um zu überleben

Kreativität ist natürlich mehr als nur die zündende, die zukunftsweisende Idee. Wirtschaftsunternehmen müssen die Kreativität gewissermaßen institutionalisieren, in ritualisierten Prozessen auffangen, aus denen eine Vielzahl kleiner Verbesserungen und Verfeinerungen für Produkte und Dienstleistungen hervorgeht. Paradoxerweise sind einige der großartigsten Ideen, die wir kennen, aus geheiligten Traditionen erwachsen. Dafür gibt es kein besseres Beispiel als Japan.

In Japan verbringen einige sehr kreative Menschen ihre Zeit damit, bereits verwirklichte Ideen an veränderte Verhältnisse anzupassen. Dieser Prozeß ständiger Veränderung und Verbesserung hat einige sehr schöne und außerordentlich erfolgreiche Produkte hervorgebracht. Das ist eine ganz eigene Form schöpferischer Tätigkeit, die sich aus anderen kulturellen Quellen speist.

Kenneth Kraft, Professor für buddhistische Studien an der Lenigh University, sitzt im Garten des Daisen-in-Tempels in Kioto, einem Garten, der in Japan so geschätzt wird, daß man ihn zu den nationalen Kulturschätzen zählt.

»Japan ist ein sehr kleines Land mit wenig Raum, daher mußten die Japaner schon sehr früh Mittel und Wege finden, sich auf engstem Raum einzurichten«, erläutert Kraft. »Dieser Garten ist zum Beispiel nur vier Meter breit und gut fünfzehn Meter lang. Auf Fotografien sieht er viel größer aus, tatsächlich aber ist er sehr klein. Und doch ist es seinen Erbauern gelungen, auf diesem begrenzten Raum eine vollständige Landschaft erstehen zu lassen.«

Nach der Idee, die dem Garten zugrunde liegt, soll der Betrachter einen begrenzten Raum als weite Landschaft wahrnehmen – ihn sogar als Symbol des ganzen Universums empfinden. Diese Idee wurzelt in der Zen-Philosopie.

»An diesem Garten können wir erkennen, daß in der japanischen Kultur das Konzept der Miniaturisierung schon zu einem sehr frühen Zeitpunkt hoch entwickelt war«, sagt Kraft. »Wenn Sie genau hinsehen, erkennen Sie, daß die Tiefenwirkung durch die Steine im Hintergrund hervorgerufen wird. Obwohl sie nur durch einen schmalen Kiesstreifen abgesetzt sind, wirken sie irgendwie weit weg. Dabei sind sie fast in Reichweite. Die Japaner haben erkannt, daß sich durch Miniaturisierung auch auf engstem Raum eine Menge erreichen läßt.«

In der japanischen Kultur gibt es viele andere Bereiche, in denen die Miniaturisierung als Organisationsprinzip dient – von Bonsaibäumen bis zu extrem kompakten Videokameras und Recordern. Wie der Zen-Garten ein ganzes Universum zu enthalten scheint, so umschließen diese winzigen elektronischen Produkte auf außerordentlich begrenztem Raum eine ganze High-Tech-Welt.

»Sehr aufschlußreich ist auch die Anpassungsfähigkeit, die dieser Garten erkennen läßt. Die Japaner sind wahre Anpassungskünstler. Während der Epoche, in der dieser Garten angelegt wurde, war in Japan der chinesische Einfluß sehr groß. Doch immer, wenn Japan etwas von China übernahm, dann eignete es sich das Neue nicht einfach an und gab das Alte dafür auf, sondern war meist in der Lage, die fremden und die einheimischen Elemente miteinander zu verschmelzen und etwas ganz Eigenes daraus zu machen.

Wir stellen uns Japan als eine Art internationalen Schnäppchensucher vor, der sich in der ganzen Welt herumtreibt und sich aus jeder Kultur, die er kennenlernt, das Beste herauspickt. Ganz so einfach ist das nicht. Wenn wir etwas aus einer Kultur in eine andere übernehmen, dann müssen wir es den neuen Verhältnissen anpassen. Eine solche Übernahme ist ohne Anpassung nicht möglich – und dieser Prozeß kann sehr kreativ sein.«

Beispielsweise blickt die Kunst der Schablonenherstellung für die Textilindustrie in Japan auf eine mehr als tausendjährige Tradition zurück. Seit Jahrhunderten bedruckt man mit diesen Schablonen die Kimonos. Auch für handgeschöpftes Papier wurden die Schablonen hergestellt. Noch heute werden japanische Tapeten auf diese Art bedruckt.

Als die Nachfrage für handgeschöpftes Papier zurückging, wandte sich ein Papierhersteller, Kyotek in Kioto, der Produktion von gedruckten Computerschaltkreisen zu, die außerordentlich fein und detailliert waren. Die handwerklichen Anforderungen waren die gleichen, die Produkte etwas ganz anderes. In ähnlicher Weise haben japanische Keramikfirmen völlig neue High-Tech-Verwendungen für ihre Keramikprodukte entdeckt, wobei sie die uralten Verfahren der japanischen Töpfer übernommen und weiterentwickelt haben.

Dergestalt bewahren Kyotek und viele andere japanische Unternehmen nicht nur die traditionellen Fertigkeiten, sondern entwickeln auch in Fortführung dieser Traditionen ganz neue Produkte – ein Anpassungsprozeß, der notwendig ist, will man im harten Wettbewerb der globalen Märkte überleben.

Arbeitsbienen und Kundschafterbienen

Ein kreatives Unternehmen stellt ein Gleichgewicht zwischen den Kräften her, die auf Neuerung drängen, und den Kräften, die bestrebt sind, daß alles seinen gewohnten Gang geht. Eine Mischung aus beiden ist ideal. »Es gibt eine natürliche Spannung zwischen den Angestellten, die sich an das, sagen wir, Law-and-Order-Prinzip halten und den kreativen Mitarbeitern«, sagt Jan Carlzon von SAS. »Die Law-and-Order-Leute sind die Kontrolleure, die ein Unternehmen nach bestimmten Regeln und Grundsätzen führen möchten, die verlangen, daß alles vorhersagbar ist und so weiter. Für sie heißt ›Freiheit‹ vor allem Freiheit von Experimenten, von Ungewißheit. Sie sind die natürlichen Gegenspieler der risikofreudigen, kreativen Leute.

Ein lebendiges Unternehmen braucht beide Typen. Aber es genügt nicht, wenn sie sich nur respektieren: Sie müssen sich auch verstehen. Ich habe in meinem eigenen Unternehmen viel damit zu tun. Eine Zeitlang hatten wir eine ungeheuer kreative Situation – die kreativen Leute hatten das Gefühl, es sei alle Tage Weihnachten.

Dann schlug das Pendel nach der anderen Seite aus, und die

Law-and-Order-Leute kriegten Oberwasser. Schließlich war einfach alles unter Kontrolle – man konnte nicht mehr atmen. Deshalb habe ich versucht, ein Gleichgewicht herzustellen, bevor das Pendel wieder zu weit zur anderen Seite ausschlug.

In einem Bienenstock gibt es zwei verschiedene Arten von Bienen: Arbeiter und Kundschafter. Es gibt noch mehrere andere Arten, aber für mich sind das die beiden wichtigsten. Die Kundschafter sind die kreativen Bienen des Stocks. Ständig fliegen sie umher und suchen neue Nahrungsquellen. Wenn sie eine gefunden haben, dann kommen sie zum Bienenstock zurück und teilen den anderen Bienen mit, wo sich der neuentdeckte Pollenvorrat befindet.

Daraufhin schwärmen die Arbeitsbienen straff organisiert aus und schaffen den Pollen in den Bienenstock. Die Kundschafterbienen verstehen die Signale nicht, die den Arbeitsbienen auftragen, den Pollen zu ernten; sie sind dazu bestimmt, umherzufliegen und die Umgebung des Bienenstocks zu erkunden.

Genau dieses Gleichgewicht möchte ich im Unternehmen herstellen, damit wir uns gegenseitig achten und damit wir begreifen, daß wir für eine produktive Firma sowohl die kreativen Unternehmer wie die Law-and-Order-Leute brauchen.

Jedesmal, wenn Sie mit der Person auf Ihrer ›Ärgernis-Liste‹ interagieren, achten Sie auf die SDK-Einwände, die Ihnen durch den Kopf gehen. In dem Augenblick, wo Sie sie bewußt registrieren, können Sie sie mit einer gewissen Distanz betrachten. Irgendwann wird Sie diese neue Sichtweise in die Lage versetzen, die Einwände zu überwinden. Verlieren Sie dabei aber nicht aus den Augen, daß sich zwischen diesen Einwänden auch Einsichten verbergen können, die Ihnen und diesem anderen Menschen unter Umständen Wege zu Fortschritt und Entfaltung zeigen. Hier können Sie auf Ihr Einfühlungsvermögen zurückgreifen. Im Geist dieser Eigenschaft sind Sie in der Lage, die Formulierungen der Ärgernisse so zu verändern, daß sie Einsichten statt Einwände sind. ☞*

Weiter auf S. 173

Ideen erwünscht

Negativität besiegen

Ein Aspekt der Unternehmensstruktur ist besonders dazu angetan, Kreativität zu fördern oder zu unterdrücken – die Grundeinstellungen, die für alle Bereiche des Unternehmens charakteristisch sind. Unter anderem ist entscheidend, ob es gelingt, ein Klima des Vertrauens und der gegenseitigen Achtung zu schaffen, in dem die Mitarbeiter neue Ideen ohne Angst vor Kritik zu äußern wagen. In einem Unternehmen, das sich am Markt behaupten muß, läßt sich nämlich der Wert unkonventioneller Ideen in klingender Münze angeben. Ob Kreditkarten oder Mikrochips, Eistüten oder Jumbo-Jets – alles war zunächst ein guter Einfall. Phantasielose, engstirnige Einstellungen machen solche Chancen zunichte.

Betrachten wir ein klassisches Beispiel: 1878 wurden der Western Union die Rechte am Telefon angeboten – und sie lehnte ab. Ihre Begründung: »Was soll das Unternehmen mit einem elektrischen Spielzeug anfangen?« Doch nicht nur dem Telefon, sondern auch dem Radio und dem Personal Computer hat man anfangs alle wirtschaftlichen Erfolgsaussichten abgesprochen.

»Wer zum Teufel will Schauspieler sprechen hören?«

Harry M. Warner, Präsident von Warner Brothers, im Jahre 1927

Die Stimme der Kritik ist der Tod aller Inspiration. Ihren unübertrefflichen Ausdruck findet diese negative Denkweise in einer Feststellung von Charles H. Duell, dem Leiter des amerikanischen Patentamtes, der 1899 in einem Bericht für Präsident McKinley erklärte: »Alles, was erfunden werden kann, ist schon erfunden worden.« Duell hat in diesem Bericht die Abschaffung des Patentamtes vorgeschlagen.

Nur wenn ein Unternehmen oder ein Unternehmer offen

bleibt für Möglichkeiten und Träume, können solche Chancen genutzt werden. Und nur solche Offenheit bringt den Wettbewerbsvorteil, der innovativem Denken zu verdanken ist.

Am Arbeitsplatz gibt es zwei entscheidende Kräfte, die der Kreativität entweder zu- oder abträglich sind. Die eine ist die Einstellung, die der einzelne Mitarbeiter selbst gegenüber Neuerungen hat, die andere das Betriebsklima. Wenn beide zuträglich sind, lassen sich Veränderungen mühelos verwirklichen. Sind sie es nicht – was häufig der Fall ist –, dann erlahmen alle kreativen Impulse.

»Das Pferd wird bleiben, das Auto ist nur ein Gag – eine Modeerscheinung.«

Der Präsident der Michigan Savings Bank, als er Henry Fords Anwalt riet, nicht in die Ford Motor Company zu investieren

Am Arbeitsplatz ist das Gegenstück zur inneren Stimme der Kritik der Chef oder Kollege, der eine vielversprechende Idee niedermacht. Daß die Neinsager der Kreativität so viel Schaden zufügen können, verdanken sie zum Teil der zarten Konstitution von Eingebungen. Sehr häufig hegt jemand, der eine kreative Eingebung hat, auch Zweifel an ihrem Wert – eine ganz natürliche Ambivalenz. Doch wenn er seine Idee dann einer engstirnigen Umwelt vorträgt, fällt der kreative Impuls augenblicklich in sich zusammen.

»Flugmaschinen, die schwerer als Luft sind, sind ein Ding der Unmöglichkeit.«

Lord Kelvin, 1895

»Nehmen wir an, Sie besitzen die Tollkühnheit, morgens mit einer großartigen neuen Idee zur Arbeit zu erscheinen«, sagt Michael Ray von der Stanford University. »Wenn Sie einem Kollegen, den Sie schätzen, davon erzählen, sagt er: ›Vorsicht, da gerätst du auf Glatteis. Denk an die Weihnachtsgratifikation. Solche verrückten Ideen können dich deinen Job kosten!‹ Immer wieder habe ich in Unternehmen erlebt, daß man sich über unkonventionelle Ideen lustig gemacht hat. Das hat sogar Signalwert: Sie können sicher sein, daß Sie einen guten Einfall gehabt haben, wenn die Leute über Ihre Idee herfallen. Wenn Sie den Gedanken ein bißchen weiterentwickeln, sagen diese Leute, so neu sei er gar nicht. Und wenn Sie ihn noch weiter verfolgen, sagen sie zum Schluß, er sei *ihr* Einfall gewesen.«

Daher schlägt Ray vor, daß sich Leute, die zusammenarbeiten, darauf einigen sollten, die stereotype Negativität zu unterdrücken, mit der neue Ideen so häufig aufgenommen werden. Die Stimme der Kritik läßt sich auch dadurch zum Schweigen bringen, daß man ›naive‹ Fragen ermutigt, die die Aufmerksamkeit auf bislang unbeachtete Aspekte lenken. Mögen solche Fragen auch naiv erscheinen, ›dumm‹ sind sie nie – sie veranlassen die Beteiligten, die gewohnten Einstellungen zu überprüfen, die daran schuld sind, daß die Arbeit in Routine und Ideenlosigkeit verkommt.

> *»Das Video wird sich auf keinem Markt, auf dem es Fuß faßt, länger als ein halbes Jahr halten können. Die Leute werden rasch die Nase voll haben, Abend für Abend auf eine Sperrholzschachtel zu starren.«*
>
> *Daryl F. Zanuck, Chef des Filmstudios 20th Century Fox, im Jahr 1946 zum Thema Fernsehen*

»Wenn Sie in der Geschäftswelt Fragen stellen, die den Dingen wirklich auf den Grund gehen«, sagt Ray, »ernten Sie meist einen leeren Blick oder eine Nicht-Antwort wie ›Weil wir das hier schon immer so gemacht haben‹. Daran können Sie erkennen, daß Sie eine sehr gute ›dumme‹ Frage gestellt haben, denn oft haben die Leute keine Ahnung, warum sie die Dinge so machen, wie sie sie machen.«

Sobald man die Stimme der Kritik zum Stillschweigen gebracht hat, stellen sich Zuversicht und Optimismus ein. Dann werden Rückschläge einfach zu Informationen, die die Erfolgschancen der nächsten Versuche erhöhen.

Trau dich, positiv zu sein

Wenn jemand einem Vorhaben trotz vieler Hindernisse treu bleiben will, muß er alle Gründe, warum es fehlschlagen könnte, aus seinem Denken verbannen und sich auf die Aspekte konzentrieren, die dazu *beitragen* könnten, daß es gelingt. Dazu sagt Jim Collins von der Stanford University:»Meine graduierten Studenten sind wahre Meister darin, neue Geschäftsideen niederzumachen. Ich gebe ihnen die Fallstudie eines Unternehmers, und sie sagen: ›Das ist falsch, das ist nicht gut, aus den und den Gründen kann es nicht klappen.‹ Dutzende von Gründe können sie mir aufzählen, warum der Unternehmer scheitern muß.«

Dann besucht der Unternehmer den Kurs.»Und er sagt: ›Ja, alle Gründe, die Sie nennen, sind richtig. Aber wir haben die Sache trotzdem in Angriff genommen und fünfzehn Möglichkeiten gefunden, die fünfzehn Probleme zu überwinden, und alles hat geklappt.‹«

Die beste Reaktion auf eine negative Einstellung, die kein gutes Haar an neuen Ideen läßt, ist eine Einstellung, die davon ausgeht, daß kühne Einfälle funktionieren können, wenn man kreative Lösungen findet. Neuerer und solche, die es werden möchten, müssen den Mut haben, die Stimmen der Furcht und des Zweifels zu überhören.»Wir dürfen uns nicht ständig Sorgen machen, was geschieht, wenn wir dieses oder jenes ausprobieren und es klappt nicht«, sagt Collins.»Vielleicht kennen wir ja nicht alle Bedingungen, unter denen wir Erfolg haben könnten oder unter denen sich unser Produkt auf dem Markt behaupten kann. Doch wenn wir fest an unser

Ja und Nein

»Ich vergleiche jede Idee mit einem Golddraht«, sagt der Zeichner Chuck Jones. »Eine wirklich prächtiges, hübsches Ding, aber auch ein bißchen zerbrechlich. Du kommst auf diese Idee, und sie ist ein JA... und ›ja‹ bedeutet: nährt mich, helft mir – ich brauche Unterstützung, sonst kann ich nicht überleben. Und wenn wir dann etwas zutage fördern, das wie ein NEIN aussieht, ist es ein plumpes, häßliches Monstrum. Es besteht aus Zement. Aber einige Leute verdanken ihren Ruf – sind Präsidenten riesiger Fimstudios geworden – einfach der Tatsache, daß sie immer nein gesagt haben! Es ist eines der entsetzlichsten Wörter in unserer Sprache. Dieses Nein kann eine Idee zerstören, denn du hast ja erst dieses kleine, zarte Ja, das mühsam zu überleben versucht... Jeder kann das fette Nein auf das Ja plumpsen lassen, bevor das überhaupt eine Chance zum Leben bekommen hat.«

Vorhaben glauben, verändern sich die Wahrscheinlichkeiten zu unseren Gunsten.«

Als Nolan Bushnell Präsident von Atari war, einem wegweisenden Unternehmen für Videospiele, entwickelte er während eines Urlaubs die Idee für das Spiel Breakout. Ataris Mitarbeiter waren gewohnt, kein Blatt vor den Mund zu nehmen, und reagierten daher mit brutaler Offenheit – und niederschmetternder Ablehnung –, als Bushnell ihnen das geplante Videospiel beschrieb.

Aber Bushnell hatte eine ganz klare Vorstellung von der Wirkung des fertigen Spiels und ließ sich nicht beirren. »Damals war man in der Branche davon überzeugt, daß Spiele mit Schlägern keine Zukunft mehr hätten«, sagte Bushnell. »Aber ich wußte genau, daß das Spiel Spaß machen würde.«

Daher ließ sich Bushnell nicht beirren, stellte einen Berater an und ließ ihn einen Prototyp des Spiels entwickeln. Kaum hatten die Atari-Leute Gelegenheit, das Spiel auszuprobieren, verwandelte sich ihre Skepsis in Begeisterung. Breakout begann seinen Siegeszug und wurde eines der beliebtesten Videospiele aller Zeiten.

Manchmal kann ein Einfall so überzeugend sein, daß er den Urheber zu einer radikalen Veränderung seiner Lebensumstände veranlaßt. So verhielt es sich bei Lou Krouse. Fünfundzwanzig Jahre war er im mittleren Management einer Telefongesellschaft beschäftigt, als er eine glänzende Idee hatte – eine Idee, die so zwingend war, daß er kündigte und eine eigene Firma gründete.

Sein Ausgangspunkt war folgende Beobachtung: Ungefähr zwanzig Prozent der amerikanischen Haushalte haben kein eigenes Bankkonto. Folglich können die Mitglieder dieser ärmsten Haushalte keine Schecks ausstellen. Um beispielsweise ihre Telefonrechnungen zu bezahlen, müssen sie das Büro der Telefongesellschaft aufsuchen und bar bezahlen, was einen ziemlichen Zeitaufwand bedeutet, oder sie müssen eine Zahlungsanweisung aufgeben, was sie anderthalb Dollar kostet.

158

Krouse dachte an ein System von elektronischen Geräten in Läden und Geschäften, wo Leute ohne Bankkonten ihre Rechnungen für Telefon, Strom und dergleichen bequem, unweit ihrer Wohnungen und ohne Extrakosten bezahlen konnten. Den Geschäftsinhabern mußte es Hunderte von zusätzliche Kunden in ihre Läden bringen, den Versorgungsgesellschaften eine enorme Reduzierung ihres Verwaltungsaufwands. Doch um seinen Traum zu verwirklichen, mußte Krouse auf der Suche nach Geldgebern kreuz und quer durchs Land reisen. Nach einem Monat, kurz vor dem persönlichen Ruin, fand er endlich eine Bank, die bereit war, in sein Projekt zu investieren. Für eine Beteiligung an seinem Unternehmen ließ sie ihn ihre Geldautomaten mitbenutzen.

Binnen drei Jahren hatte Krouses Unternehmen, National Payments Network, Jahreseinnahmen von 26 Millionen Dollar und dreieinhalb Millionen Kunden in neunzehn Bundesstaaten.

Vom Wert der Intuition

Die Fähigkeit, intuitive Entscheidungen zu treffen, ist eine Grundvoraussetzung von Kreativität. Intuition heißt, daß wir die Vernunftkontrolle lockern und den Eingebungen des Unbewußten vertrauen. Da sich seine Beiträge aber nicht quantifizieren oder rational rechtfertigen lassen, stoßen sie am Arbeitsplatz häufig auf Ablehnung. Dabei besitzen sie eine ganz eigene Wahrheit, denn sie erwachsen aus der Fähigkeit des Unbewußten, Information zu völlig neuen Ideen zu organisieren.

»Intuition ist das, was Sie der zusammengetragenen Information hinzufügen«, sagt Jan Carlzon von SAS. »Wenn Sie das begriffen haben, dann wissen Sie auch, daß eine vollständige Informationssammlung nicht möglich ist. Um zur richtigen Entscheidung zu kommen, müssen Sie auch auf Ihre Gefühle, Ihren Bauch vertrauen. Daher gibt es keine Antworten, die für alle richtig sind – nur solche, die für Sie persönlich richtig

Den Geist der Kreativität ölen

Menschen kann man unter anderem dazu ermutigen, kreative Risiken einzugehen, indem man sie dafür belohnt. Dieses Verfahren praktizierte Tom Melohn, als er noch Chef von North American Tool and Die war. Jeden Monat verteilte Melohn Gratifikationen für Neuerungen und besondere Verdienste. Eine dieser Gratifikationen verdiente sich der Betriebsschlosser Jim Norsworthy. Dieser hatte sich Gedanken um die gewaltigen und kostspieligen Ölmengen gemacht, die das Unternehmen brauchte – Öl, das über kurz oder lang zu Sondermüll wurde. Norsworthy hörte von einer Ölrecyclinganlage mit einem intelligenten Filtersystem, das die Wiederverwendung des Öls ermöglichte. Die Anschaffung einer solchen Anlage nahm er auf die eigene Kappe. Innerhalb einer Woche hatte sich das System bezahlt gemacht. Durch Belohnung solcher individuellen Initiativen ver-

sind. So müssen wir unsere Intuition nutzen.«

Einer der Gründe, die intuitives Denken noch wichtiger erscheinen lassen, sind die Globalisierungstendenzen – das meint zumindest Jan Carlzon. »Zwar zeigen sie sich in Europa am deutlichsten«, sagt er, »aber die Tendenz zur Aufhebung der Grenzen ist weltweit zu erkennen. Man sieht es in der Wirtschaft, in der Kultur, im Essen, in allem. Die einzigen Grenzen, die weiterbestehen werden, sind die politischen. Wenn sich ein Unternehmen auf diesem globalen Markt behaupten will, dann müssen seine Mitarbeiter die Bedürfnisse unterschiedlicher Kulturen und Menschen verstehen und neue Ansätze entwickeln, um auf diese Bedürfnisse einzugehen. Sehr häufig wird man mit einer einzigen Entscheidung den verschiedenen Interessen von, sagen wir, Schweden, Italienern und Japanern nicht gerecht werden.

An diesem Punkt müssen Sie Ihr intuitives Verständnis für Menschen ins Spiel bringen – den allgemeinen Eindruck, den Sie von ihren Reaktionen und Gefühlen haben«, sagt Carlzon. Geschäftsleute, die es verstehen, ihren Kunden zuzuhören, statt nur Zahlen und Statistiken zu studieren, prophezeit Carlzon eine glänzende Zukunft auf den globalen Märkten.

»Leider bringt man uns in der Schule nicht bei, unserer Intuition zu vertrauen.

Statt dessen vermittelt sie eine Art absolutes Wissen. Schülern lernen, nach der einen richtigen Antwort zu suchen, indem sie zunächst alle Informationen vollständig sammeln. Doch im richtigen Leben müssen wir feststellen, daß eine Lücke bleibt, auch wenn wir alle relevanten Informationen zusammengetragen haben, daß Teile vorhanden sind, die wir nicht exakt berechnen können. Da

wandelte Melohn eine etwas schläfrige Metallwarenfabrik in ein vorbildliches Unternehmen mit einer jährlichen Absatzsteigerung von fünfundzwanzig Prozent und einer Kapitalrendite, die sie zu einem der erfolgreichsten Unternehmen überhaupt machte.

müssen wir uns dann auf unsere Intuition verlassen, um eine Entscheidung zu treffen und zu handeln.

Ein weiterer Fehler unserer Schulen liegt darin, daß sie Leistung absolut messen. Wissen vermitteln sie in bestimmten Antworten, in Zentimetern, Kilogramm, in bestimmten Größen, die richtig oder falsch sind. Und entsprechend werden die Noten verteilt. Aber nie erzählen wir den Schülern, was hinter den absoluten Zahlen und Werten liegt, von den Ungewißheiten, mit denen man im wirklichen Leben ständig zu tun hat.

Ich denke, die Schule sollte beide Erkenntnisweisen berücksichtigen – die Welt der absoluten Meßwerte und das Wissen, das wir der Intuition verdanken.«

Oder hören wir Anita Roddick: »Kein Marktforschungsinstitut der Welt kann Ihnen sagen, warum Menschen dieses Produkt kaufen oder warum sie Ihre Firma mögen. Aber wenn Ihre Intuition funktioniert, dann können Sie sich einen umfangreichen Marktforschungsbericht der Kosmetikindustrie ansehen und erkennen: Das ist alles falsch.«

Roddick berichtet, sie habe einen Bericht auf den Tisch bekommen, der ein rückläufiges Wachstum auf dem Markt für Babyprodukte prognostizierte. »Unsere Intuition sagte uns, daß die Prognose völlig falsch war«, erinnert sie sich. »Auffällig viele Mitarbeiterinnen in der Firma und Frauen aus unserem Bekanntenkreis bekamen Kinder, so daß wir einfach den Eindruck hatten, der Babymarkt werden sich weit besser entwickeln, als es die Zahlen des Berichtes erkennen ließen. Also machten wir uns selber an die Arbeit und prüften die Sache genauer. Wir stellten fest, daß die wirklichen Zahlen rund viermal so groß waren wie die des Berichts. Das leistet Intuition.«

Das Risiko liegt im Auge des Betrachters

Das Risiko liegt, wie die Schönheit, im Auge des Betrachters. Ein Geschäft, das Außenstehenden riskant oder gefährlich erscheint, wird von den Leuten, die damit zu tun haben, unter Umständen ganz anders beurteilt. Die verborgene Variable ist das Engagement.

Dazu sagt Anita Roddick von Body Shop International: »Ich halte mich nicht für besonders risikofreudig. Kein Unternehmer ist das, glaube ich. Das ist nur einer der vielen Wirtschaftsmythen. Der Unternehmer neuen Typs orientiert sich viel stärker an seinem Wertsystem: Wir tun Dinge, die anderen Menschen riskant erscheinen, weil es die Dinge sind, die unsere Überzeugungen von uns verlangen. Andere Unternehmer würden vielleicht sagen, daß ich riskant handle, dabei ist es nur meine Art, das Unternehmen zu führen – ich empfinde es nicht als riskant.«

Der Glaube an das Geschäft, das man beginnt – das Engagement –, trägt entscheidend zur Veränderung der Erfolgsaussichten bei. Das zeigt sich sehr deutlich am Fall des Giro-Helms. Jim Gentis war ein Radrennfahrer, der einen Fahrradhelm völlig neuer Art entwickelte. Radrennen liebte er leidenschaftlich, konnte aber die schweren, plumpen Helme nicht ausstehen, die die Rennfahrer tragen mußten. Mit vierhundert Gramm waren die Hartschalenmodelle zu schwer, so windschlüpfrig wie plumpe Armeehelme und hermetisch geschlossen, so daß die Fahrer darunter fürchterlich schwitzten.

Zwar hatte Gentis kein Geld für eine Firmengründung, wußte aber, daß er einen Helm neuer Art haben wollte, und war entschlossen, ihn zu bauen. Nach vielen Versuchen entwickelte Gentis das Modell eines schlankeren, aerodymischeren Helms, der den gleichen Schutz bot wie der alte. Auch das gleiche Grundmaterial verwendete er: Polystyrol. Als er jedoch das Polystyrol mit einer hübschen, robusten Schutzhülle umgeben wollte, kam er nicht weiter. Das Material, das er dazu vorgesehen hatte, war ein ultraleichter Kunststoff. Doch die Fertigungsmaschine, die er dafür brauchte, sollte 80 000 Dollar kosten – und die hatte er nicht. Nach vielen weiteren Versuchen und inzwischen fast schon der Verzweiflung nahe, fand er schließlich eine Elastanhülle, die er in den verschiedensten Farben und Formen herstellen konnte.

Gentis hatte nicht das Kapital, um eine Firma zu gründen. Nach allen herkömmlichen Kriterien hatte er eigentlich keine Chance. Doch nachdem er ein paar Exemplare an Freunde verkauft hatte, fand der Helm rasch Anklang. Der Giro bot den begeisterten Anhängern des Radsports die Sicherheit, die sie brauchten, kam aber auch ihren modischen Ansprüchen entgegen, da sie ihn passend zu ihrem Outfit wählen konnten. Er wurde augenblicklich zum Verkaufshit und beherrscht den Markt für Fahrradhelme, seit er eingeführt wurde. Gentis' Engagement hat die Wahrscheinlichkeiten verändert.

Ein Akt des Glaubens

Larry Wilson vom Pecos River Learning Center bringt das Problem auf eine einfache Formel: »Wenn du immer nur tust, was du immer getan hast, wirst du immer nur kriegen, was du immer gekriegt hast.« Der Erfolg ist Nullwachstum, Stagnation.

Da hilft nur die Erkenntnis: »Du wirst immer tun, was du immer getan hast, wenn du immer denkst, was du immer gedacht hast.« Deshalb, sagt Wilson, »helfen wir den Leuten, anders über Risiken zu denken, damit sie weniger Angst haben. Man kann sich nicht immer von all den Ängsten befreien, die mit Risiken verbunden sind, aber man kann sie doch erheblich verringern.«

Die erfahrenen Springer waren ruhig, als sie ihre Fallschirme zusammenfalteten, ins Flugzeug stiegen und langsam die Höhe von vielen hundert Metern erreichten, aus der sie sich in die dünne Luft fallen lassen wollten. Sie hätten kaum Angst verspürt, berichteten sie, bis zu den Minuten kurz vor dem Sprung, als der entscheidende Augenblick unmittelbar bevorstand.

Bei den Neulingen dagegen steigerte sich die Angst mit jedem Schritt der Vorbereitungen: während sie die Fallschirme falteten, das Flugzeug bestiegen, höher und höher getragen wurden. Bei dem bloßen Gedanken an das, was sie erwartete, klopfte ihnen das Herz im Hals. Obwohl sie den Sprung noch vor sich hatten, hatten sie ihn im Geiste schon unzählige Male absolviert – immer mit katastrophalem Ausgang.

Egal, worum es geht, die Angst, die sich aus der Antizipation von Risiken ergibt, entspringt übertriebenen Phantasien von Fehlschlägen und Katastrophen. Ganz genauso verhält es sich mit der Angst vor Risiken am Arbeitsplatz: *Wenn ich diese neue Idee vorschlage*, sagen Sie sich, *und sie geht in die Hose, dann mach ich mich auf der Besprechung zum Idioten.* Ihr Chef wird Sie für unfähig halten und Sie bei der nächsten Beförderung oder Gehaltserhöhung übergehen. Noch schlimmer, die Stimme in Ihrem Kopf sagt: *Beim bevorstehenden Personalabbau stehe ich als erster zur Disposition.* Und wenn Sie erst einmal entlassen sind, bekommen Sie nie wieder eine Stellung. Dann können Sie die Raten für Ihr Auto nicht bezahlen oder für Ihr Haus, oder für was auch immer. Und bevor Sie sich's versehen, sind Sie obdachlos und haben Ihr Domizil in einem Hauseingang aufgeschlagen.

Also halten Sie lieber den Mund. Besser in Lohn und Brot als arm und auf der Straße, sagen Sie sich, ducken sich und sehen zu, daß Sie nicht in die Schußlinie geraten.

Das ist der Vorzug der Kletterwand. Wenn Sie dort oben stehen, um sich abzuseilen, kann es durchaus sein, daß der Katastrophenprojektor in Ihrem Kopf zu arbeiten beginnt. Sie sehen sich selbst: querschnittsgelähmt, ein Leben lang ans Krankenhausbett gefesselt... Irgendwie müssen Sie dann aber doch Ihren Mut zusammennehmen und springen.

Ein bißchen Glaube ist schon notwendig, um diesen Sprung zu tun – und er ist eine sehr anschauliche Metapher für die Art Sprünge, die in einem kreativen Wirtschaftsunternehmen erforderlich sind.

Mehr als nur ein Job

Wolken auf dem Fußboden

Für eine kreative Atmosphäre am Arbeitsplatz läßt sich auch durch eine entsprechende Gestaltung der Umgebung sorgen. Sterile, funktionale Büroräume legen sterile, funktionale Betrachtungsweisen nahe. Umgekehrt kann sich ein abwechslungsreiches und anregendes Ambiente förderlich auf das kreative Denken auswirken. In der Firmenzentrale von SAS gibt es verschiedene Maßnahmen, die zur Belebung der Stimmung beitragen sollen – etwa Streichquartette, die zur Mittagszeit aufspielen. Dazu Firmenchef Carlzon: »Unsere Mitarbeiter sollen wissen, daß wir sie schätzen und achten, denn wenn wir den Leuten das klarmachen, leisten sie bessere Arbeit für das Unternehmen.«

Anita Roddick ist davon überzeugt, daß die ästhetische Wirkung von Büroräumen wichtig für die Phantasietätigkeit ist. »Ich war früher Lehrerin und weiß, daß sich Kreativität unter anderem dadurch fördern läßt, daß man für eine anregende, ja, unterhaltsame Umgebung sorgt. Deshalb ist ein Rundgang durch unsere Büros ein visuelles und sinnliches Erlebnis, das nicht zu vergleichen ist mit dem, was einen in den herkömmlichen Büroräumen anderer Firmen erwartet.

Wohin Sie blicken, finden Sie die Wände mit Postern, Schaubildern und Fotos bedeckt, die die Taten des menschlichen Geistes preisen – keine Tabellen mit Gewinn- und Verlustziffern, mit Produktivitätskurven oder dem Geld, das wir verdienen. Wir sammeln wunderbare Gedanken und wunderschöne Bilder, die zum Ausdruck bringen, was wir wollen – das können die Worte von Häuptling Seattle sein oder Fotos aus der herrlichen Ausstellung *The Family of Man*. Die hängen wir überall auf, so daß unser Blick darauf fällt, wenn wir die Arbeit unterbrechen. Die ästhetische Gestaltung eines Unternehmens kann die Einstellung der Mitarbeiter erheblich prägen.

In unserem Verwaltungsgebäude muß jeder, der in die großen Lagerräume will, einen sehr langen, sehr schmalen Flur entlanggehen. Wir haben versucht, diesen Weg so angenehm und anregend wie möglich zu machen, indem wir ihn mit ästhetisch ansprechenden Fotos der Eingeborenen geschmückt haben, die in aller Welt unsere Handelspartner sind. Und ich habe beobachtet, daß Mitarbeiter, die diesen Flur hinuntergingen, die Wände berührt haben.

Daher probieren wir aus, ob sich die visuellen Reize nicht durch Tast- und Hörerlebnisse ergänzen lassen: gespaltene Bambusstäbe, Pfeifen, Saugnäpfe aus Gummi, alle möglichen Dinge, denen man Töne entlocken kann. Wenn Sie jetzt den Flur hinuntergehen, dann können Sie Laute und Töne erzeugen – Sie drücken irgendwo, und es zischt oder knallt. Das ist eine völlig verrückte Idee, die vermutlich bei Sechsjährigen großen Anklang fände. Aber ich möchte einfach feststellen, ob sich der Weg zur Arbeit nicht ein bißchen unterhaltsamer gestalten läßt. Das gleiche gilt für unsere Läden. Ich möchte keinen meiner Läden betreten und mich gelangweilt fühlen. Wenn ich mich gelangweilt fühle, dann sind es, schrecklicher Gedanke, auch meine Kunden. Daher überlegen wir uns ständig, wie wir sie überraschen können – ein verändertes Schaufenster, das Geräusch von plätscherndem Wasser oder die Verkäufer in ganz neuem Outfit.

Unsere Mitarbeiter sollen süchtig nach Veränderung werden. Daher herrscht im Unternehmen eine Atmosphäre ständigen Wandels. Jeden Tag sehen unsere Mitteilungsbretter anders aus.«

Der Anspruch, die Wahrnehmung wachzurütteln und zu überraschen, ist zu einem festen architektonischen Bestandteil des Firmengebäudes von Enator geworden, einer Beratungsfirma in Schweden, deren Produkte ihre Ideen und Lösungen für die Probleme von Kunden sind. Wenn zur Kreativität

Der Geist der Anteilnahme

Ein schönes Beispiel für Anteilnahme – und die Fähigkeit, kreative Lösungen für menschliche Probleme zu finden – ist der Fall von Randy Theis, einem Mitarbeiter der Des Moines Water Works. Theis erkrankte an Krebs, und eine Reihe von Operationen kosteten ihn den gesamten Krankheitsurlaub, der ihm zur Verfügung stand (in den Vereinigten Staaten gilt im Krankheitsfall von Arbeitnehmern eine andere Regelung als in der Bundesrepublik), wodurch die siebenköpfige Familie der Theis in große finanzielle Schwierigkeiten geriet. Da die Krankheitskosten in der Firma steil anstiegen, sah das Unternehmen keine Möglichkeit, Theis einen längeren Krankheitsurlaub zuzugestehen. Daraufhin beschlossen einige Kollegen, Theis den eigenen Krankheitsurlaub abzutreten. Eine entsprechende Änderung der Firmensatzung schuf die Voraussetzung für die noble Maßnahme. Fünfund-

gehört, daß man die Dinge auf den Kopf stellt und von innen nach außen krempelt, dann ist Enators Architektur ein großangelegter Versuch, diesen Geist in den Mitarbeitern zu wecken. »Ich denke, es ist anregend«, sagt Enators Präsident Hans Larson, »wenn man zur Arbeit in ein Bürogebäude kommt, wo jeder Weg zur Entdeckungsreise wird.«

Um eine Mentalität zu pflegen, die Problemlösung für die selbstverständlichste Sache der Welt hält, wartet das Enator-Gebäude mit einer Fülle von Überraschungen auf. An jeder Ecke werden Wahrnehmung und physikalisches Verständnis mit ›Problemen‹ konfrontiert – was durchaus wörtlich zu verstehen ist. Im Enator-Gebäude sucht der Besucher vergebens nach rechteckigen Räumen; der Grundriß besteht aus unregelmäßigen Winkeln und Formen. Es gibt keinen Ort, den der Geist mit trägem Wiedererkennen zur Kenntnis nehmen könnte. Wohin das Auge fällt, begegnet es dem Unerwarteten:

- auf dem Fußboden einem mit Wölkchen übersäten Himmel,
- an den Wänden Trompe-l'œils, die dreidimensionale Bars vorspiegeln, wo sich in Wirklichkeit nur eine glatte Fläche befindet,
- Bullaugen und Fenster an Stellen, die überraschende Einblicke in das Geschehen an anderen Orten gewähren,
- Flure, die im Zickzack verlaufen,

ohne gerade Linien, und die Sie an einer bunten Folge geometrischer Formen vorbeiführen – Kreisen, Quadraten, Trapezen,
- Räumen, die mit allen Konventionen brechen, zum Beispiel ein Konferezzimmer, wo Besprechungen und Mahlzeiten an einem Tisch in Form eines großen Klaviers stattfinden.

Zu dieser Verfremdung trägt weiterhin bei, daß die üblichen visuellen Hinweise gänzlich fehlen. Wer einen Raum oder einen Mitarbeiter sucht, muß fragen. Das zwingt die Menschen dazu, Fragen zu stellen und miteinander zu reden. Ständig treffen sich die Mitarbeiter, sprechen und haben miteinander zu tun. Und aus solchen Treffen entwickeln sich unerwartete Weiterungen.

Noch ein Vorteil des Gebäudes liegt darin, daß es jene spontanen Interaktionen fördert, die von entscheidender Bedeutung für Teamarbeit sind. Dazu meint ein Enator-Mitarbeiter:»Man blockiert sich leicht, weil man ein Problem völlig einseitig betrachtet. Daher verbringen wir viel Zeit damit, unsere Ideen auszutauschen. In einem traditionellen Gebäude wäre das lange nicht so leicht. Es kostet viel mehr Überwindung, aufzustehen, einen Flur entlangzugehen, einen andere Kabine zu betreten und sich hinzusetzen. Hier ist es ganz einfach: Diese Räume würfeln uns durcheinander.«

Dieses Gefühl der Gemeinsamkeit wird durch das Betriebsklima noch verstärkt. Hans Larson erklärt:»Wir wollen unseren Leuten ein zweites Zuhause schaffen.« Und die Mitarbeiter sollen sich auch so verhalten, als wenn sie zu Hause wären. Wie ein anderer Enator-Mitarbeiter sagt:»Das Gebäude teilt dir mit, daß es in Ordnung ist, wenn es so aussieht, als tätest du

zwanzig Kollegen unterzeichneten die Abtretungserklärung.

Zu diesem Fall meint James Autry in seinem Buch *Love and Profit*:»Als Manager haben wir die Möglichkeit, Menschen so anzuleiten und zu führen, daß sie sich nicht nur der gemeinsamen Sache verpflichtet fühlen, sondern auch daß der Betrieb zu einem Ort der Freundschaft, intensiver persönlicher Beziehung und der Mitmenschlichkeit wird.«

Und Audry fügt hinzu:»Wie wäre es mit einem neuen Autoaufkleber in Sachen Menschenführung: WO KEIN GEMEINSCHAFTSGEFÜHL ENTSTEHT, FINDET KEINE MENSCHENFÜHRUNG STATT.«

nichts. Die Leute unterstellen dir, daß du nachdenkst. Hier werden dir keine Schuldgefühle eingeflößt, wenn du mal eine Kaffeepause machst.«

Eher wie eine Familie

Wenn die Firmenleitung versucht, ein wirklich harmonisch zusammenarbeitendes Team zusammenzuschweißen, müssen die Manager einsehen, daß sich das kaum ohne ein Element bewerkstelligen läßt, daß man eigentlich selten mit der Arbeitswelt verbindet.

»Das Wort ›Liebe‹ kommt den Leuten nicht leicht über die Lippen«, sagt Larry Wilson. »Und doch erkennen wir eines immer deutlicher: Die Leute brauchen die Gewißheit, daß sich jemand um sie kümmert, Anteil an ihnen nimmt, daß sie nicht einfach austauschbare Teile in einem Räderwerk sind. Bei echter Menschenführung müssen Sie deutlich machen, daß es Ihnen darum geht, für Ihre Leute zu sorgen und ihre Entwicklung zu fördern.

Menschenführung ist drei Zielsetzungen verpflichtet. Erstens müssen Sie Ideen entwickeln, an die Sie selbst glauben und die Sie anderen vermitteln können. Zweitens müssen Sie andere dazu bringen, sich für die Verwirklichung dieser Ideen einzusetzen. Und drittens muß Ihnen die Förderung und Entwicklung der Menschen am Herzen liegen, die Sie führen, egal, welche Konsequenzen diese Entwicklung für Sie haben könnte.

Dieses dritte Ziel ist eine Form der Liebe, der Fürsorge. Egal, was für ein Wort Sie wählen, die Gewißheit, daß ihnen Unterstützung zuteil wird, erhöht die Risikobereitschaft der Mitarbeiter. Die Erfahrung haben wir schon alle gemacht, mit den Eltern, einem Lehrer, einem Mentor am Arbeitsplatz. Eine Führungskraft hat die Aufgabe, die besten Kräfte in uns zu wecken und uns zu größeren Leistungen zu animieren, als wir uns selbst zugetraut hätten.

Je deutlicher wir erkennen, daß unser wichtigster Wettbewerbsvorteil *Menschen* sind, um so dringlicher wird es, daß wir unseren Mitarbeitern helfen, sich zu entwickeln und zu entfalten. Das geschieht nicht in großem Maßstab, sondern in kleinen Teams. Sie können durchaus ein- oder zweitausend Teams haben, aber von denen sollte keines mehr als sechs bis zehn Leute umfassen. Das Team wird zum Schauplatz der gegenseitigen Fürsorge. Und wenn Sie die Teammitglieder nicht dazu bekommen, sich aneinander anzuschließen und umeinander zu kümmern, dann müssen Sie die Größe eben noch weiter, auf die der Familie, reduzieren. In einer solchen Gruppe sind Mitarbeiter weniger anfällig für Angst und Furcht und können ihre Kreativität freier entfalten.«

Freundlichkeit ist nicht genug

Doug Green, Gründer und Chef von New Hope Communications, erklärte seinen Mitarbeitern anfangs immer, die drei Hauptregeln in seiner Firma lauteten:»Sei freundlich, sei freundlich, sei freundlich.« Doch bemerkte er, daß die Leute anfingen, sich ein bißchen zu verstellen, um freundlich zu sein. Daher änderte er sein Regelwerk ab in:»Sei freundlich, sei ehrlich, sei freundlich«, und schließlich:»Sei freundlich, sei ehrlich, hab Spaß.«

Die neue Informationsumwelt, wie Jan Carlzon von SAS sie sich vorstellt, verlangt auch einen neuen Führungsstil.»Die Führungskraft der Zukunft wird eher wie eine Mutter oder ein Vater in der Familie oder wie der Trainer einer Sportmannschaft sein. Sie müssen eine Atmosphäre schaffen, in der Ihre Leute das Gefühl haben, daß man ihnen mit Achtung begegnet, daß man für sie sorgt, ja, daß man sie liebt. Sie müssen durch Liebe führen.

Nur so werden Sie Ihre Mitarbeiter dazu bekommen, alle ihre Möglichkeiten zu entfalten, Risiken einzugehen und Entscheidungen zu treffen, bei denen sie sich auf ihre Intuition verlassen. Das ist nur möglich, wenn sie wissen, daß sie auch dann noch akzeptiert werden und eine neue Chance bekommen, wenn sie von Zeit zu Zeit scheitern.

Wenn Sie dagegen in der Menschenführung auf die Angst

bauen, dann werden Sie sehen, daß Ihre Mitarbeiter den Kopf einziehen und weit unter ihren Möglichkeiten bleiben. Auf diese Weise werden Sie es nicht schaffen, Ihre Firma in die Gewinnzone zu steuern und wettbewerbsfähig zu machen.«

Wer sich Sorgen macht, kann sich nicht auf seine Arbeit konzentrieren. Diese Art von Angst ist ein Kreativitätskiller. Das Gegenmittel ist ein Arbeitsplatz, an dem die Menschen entspannt zu Werke gehen können. Daß es so ungezwungen in seinem Unternehmen zugeht, hält Yvon Chouinard, Chef von Patagonia, für selbstverständlich.

»Ich hatte mir vorgenommen, kein Geschäftsmann zu werden, der von neun bis sieben stur seine Bürozeit runterreißt. Die Freiheit, bei günstiger Brandung jederzeit das Surfbrett zu nehmen und an den Strand zu fahren, wollte ich mir bewahren.«

»Sie müssen für ein Betriebsklima sorgen, in dem sich die Leute wohl fühlen«, sagt er. »Dann rücken sie mit der Sprache heraus, machen verrückte Vorschläge, und niemand lacht. Oder alle lachen, aber es ist nicht schlimm, und sie machen sich nichts draus.

Kreativität und Risikobereitschaft lassen sich nicht trennen. Ich glaube, die besten Ideen sind so schräg und ihrer Zeit so voraus, daß jeder über sie lacht. Daher müssen Sie Ihren Mitarbeitern ein Gefühl der Sicherheit geben, damit sie trotzdem mit solchen Einfällen herausrücken und nicht beleidigt sind, wenn sie niemandem gefallen.«

Eine der Maßnahmen, die dafür sorgen, daß sich die Männer und Frauen wohl fühlen, die bei Patagonia arbeiten, ist die Einrichtung einer Tagesstätte auf dem Firmengelände. »Die Mutter kann ihr Kind um Viertel vor acht abliefern, zur Arbeit gehen und dann mit dem Kind zu Mittag essen«, sagt Chouinard. »Sie kann auch den ganzen Tag zwischen Schreibtisch und Tagesstätte pendeln. Wir haben sogar Mütter, die ihre Kinder eine Zeitlang neben ihrem Arbeitsplatz spielen lassen.«

Lenkt das nicht ab? Ganz im Gegenteil, sagt Chouinard: »Das macht den Eltern den Kopf frei, weil sie sich nicht den ganzen Tag um die Kinder sorgen müssen. Dann können sie sich voll auf die Arbeit konzentrieren. Nur wer sich von all dem Kram freimacht, der ihn belastet, kann kreativ sein. Ganz gleich, was wir für den Unterhalt der Tagesstätte zahlen, sie macht sich tausendmal durch größere Produktivität bezahlt.«

Das Ziel ist denkbar einfach: »Je mehr die Mitarbeiter am Arbeitsplatz zu Hause sind, je wohler sie sich in ihrem Team fühlen, desto besser können sie sich auf die Marschroute konzentrieren, die das Unternehmen vorgibt«, meint Chouinard. »Es ist dann eine Bewegung und keine Firma mehr, und dadurch ist es ungeheuer produktiv.«

Ein anderer Rentabilitätsbegriff

Stellen Sie sich eine Firma vor, in der der Arbeitsprozeß genauso zählt wie das Produkt. In einem solchen Unternehmen geht es nicht einfach um Ergebnisse: Wie man zum Ziel kommt, ist genauso wichtig wie das Ziel selbst. Durch diesen Perspektivenwechsel verändert sich der Sinn der Arbeit. Bei einer derartigen Einstellung entwickeln sich die Menschen mit ihrer Arbeit.

Es gibt eine wachsende Diskrepanz zwischen dem, was viele Unternehmen

Kampf mit der SDK

Manchmal sind wir wie gelähmt vor Angst und Selbstzweifel. Dann wird das negative Geschwätz in unserem Kopf so laut, daß wir uns auf keine Tätigkeit mehr konzentrieren können. Wenn es soweit gekommen ist, sollten Sie die folgende Konzentrationsübung ausprobieren. Sie brauchen dazu nur ein oder zwei Minuten.

☞ Setzen Sie sich bequem auf einen Stuhl, schließen Sie die Augen und atmen Sie ruhig. Versuchen Sie nun, die Haut am ganzen Körper zu spüren. Vergegenwärtigen Sie sich, wie sie jede Rundung, jeden Muskel bedeckt. Stellen Sie sich vor, daß es innerhalb der Haut nichts gibt. Ihre Haut ist nur noch eine dünne Membran, die leeren Raum umschließt. Lassen Sie das Gefühl der Offenheit und Leere in Ihrem Inneren auf sich wirken. Dehnen Sie dieses Erlebnis noch ein oder zwei Minuten aus.

Wenn Sie die Technik des ›leeren Körpers‹ einige Male geübt haben, wird sie Sie zuverlässig von den Ver-

173

krampfungen der SDK befreien. ☞* Falls diese Übung für Ihren Geschmack etwas zu passiv ist oder falls es Ihnen unmöglich ist stillzusitzen, dann versuchen Sie es mit intensiver Gymnastik. Aus Untersuchungen wissen wir, daß zum Beispiel Aerobic, das die Herz- und Atemfrequenz erhöht und das Blut mit Sauerstoff anreichert, ein gutes Mittel gegen die Depression ist, die mit Selbstwertproblemen einhergeht. Im übrigen machen viele Menschen die Erfahrung, daß Laufen, Radfahren und Schwimmen nicht nur trübe Gedanken vertreibt, sondern auch übermäßige Selbstkritik. Sie können sich der SDK aber auch erwehren, indem Sie Ihre Einwände relativieren. Beispielsweise haben Sie die Möglichkeit, sie ins Lächerliche zu ziehen. Dabei soll Ihnen die folgende Übung helfen.

☞* Schließen Sie die Augen und stellen Sie sich vor, Sie können eine negative Äußerung sehen und hören, die Sie regelmäßig gegen sich selbst richten, etwa: »Nie habe ich eine eigene Idee.« Wenn Sie sich diesen Gedanken deutlich vergegenwär-

als ihre Aufgabe ansehen, und dem, was immer mehr Menschen von ihrer Arbeit erwarten. Je größer die Diskrepanz, desto entfremdeter fühlen sich die Menschen an ihrem Arbeitsplatz. Und je entfremdeter sie sich fühlen, desto weniger kreative Energien können sie mobilisieren.

Bedauerlicherweise hat diese Entwicklung zur Folge, daß sich allzu viele Firmen bei der Motivierung ihrer Mitarbeiter auf eine Mischung aus wirtschaftlichen Anreizen (Zuckerbrot) und Angst (Peitsche) verlassen. Diese besondere Motivkombination wirkt sich tödlich auf jegliche Kreativität aus. Individuelle Kreativität entfaltet sich, wenn man Spaß an seiner Arbeit hat, und nicht, wenn man durch äußeren Druck zu ihr gezwungen wird.

Viele Arbeitnehmer suchen heute nicht mehr einfach nach einer Stellung, die ihnen Wohlstand, Prestige und Macht einträgt, sondern nach einer Aufgabe, die ihnen – abgesehen von einem bescheidenen Auskommen – eine sinnvolle Tätigkeit und die Möglichkeit zu individueller Kreativität bietet. Produktivität als Selbstzweck befriedigt keines dieser Bedürfnisse. Verkennt eine Firma das, dürfte sie Schwierigkeiten haben, wirklich gute Leute zu bekommen oder zu halten.

Unter anderem kann man die beschriebene Diskrepanz überwinden –

und den Bedürfnissen der Firmen und ihrer Mitarbeiter gerecht werden –, indem man in Maßnahmen investiert, die das Potential der Mitarbeiter erschließen. Für diese Lösung haben sich einige fortschrittliche Unternehmer entschieden, die die Zielsetzung ihrer Firmen neu definieren: Ihnen geht es nicht mehr nur um den Profit, sondern sie wollen den Arbeitsplatz ihrer Mitarbeiter auch so umgestalten, daß er zu deren personaler Entfaltung beiträgt. Daß heißt natürlich nicht, daß Unternehmen keine Gewinne mehr machen sollen – sie sollen nur ihr Blickfeld erweitern; sie sollen über die Gewinn- und Verlustrechnung nicht den Charakter der Arbeit vergessen.

Bei Anita Roddick hört sich das so an: »Ich will den Erfolg nicht nur mit der finanziellen Meßlatte bestimmen oder mit dem Absatz, oder mit der Zahl unserer Läden. Man soll uns schätzen – und das ist kein leichtes Unterfangen in der Wirtschaft –, weil wir unsere Mitarbeiter gut behandeln und weil wir nützlich für die Gesellschaft sind. Das ist ein anderer Rentabilitätsbegriff.«

Ein durchaus zukunftsweisendes Unternehmensmodell könnte nach Roddicks Ansicht ein sehr altes System sein. »Gucken Sie sich die Quäker an: Die haben keine künstlichen Hindernisse zwischen Firmenleitung und Arbeitnehmern aufgebaut. Die haben sich um ihre

tigt haben, beginnen Sie, ihn aufzupäppeln. Immer lauter und greller soll er werden. In großen Neonbuchstaben flackert er durch Ihre Vorstellung – an, aus, an, aus.

Und Sie fahren damit fort, die Äußerung immer größer, immer lauter, immer deutlicher zu wiederholen – unter Verwendung von Laserlicht, Verstärkeranlagen, Symphonieorchestern und Chören, die ihre Mißbilligung vielstimmig hinausschreien. Lassen Sie die Lächerlichkeit dieser Szene auf sich wirken.

Öffnen Sie die Augen. ☞

Bei dieser Übung wird Innen unter Umständen sofort klar, zu welcher Bedeutungslosigkeit Ihre SDK verurteilt ist, wenn Sie ihr die Unterstützung entziehen. Wir ganz allein liefern die Energie, das Licht und die Kraft, die unsere SDK so stark machen.

Noch eine Anmerkung zum Urteil anderer: Ein Konkurrent des Baseballspielers Babe Ruth erklärte, dieser mache einen Riesenfehler, wenn er seine Position als Werfer mit der des Schlagmanns vertausche (als Schlagmann erwarb sich Babe Ruth dann seinen legendären Ruhm). Und 1945 erklärte der Präsidentenberater Vannevar Bush: »Die Atombombe wird niemals zünden, und ich weiß, wovon ich rede, denn ich bin Sprengstoffexperte.«

Weiter auf Seite 183

Angestellten gekümmert – ihnen Häuser gestellt, sogar Städte für sie erbaut. Das waren ehrenwerte Kaufleute; sie nahmen nicht mehr Geld aus dem Geschäft heraus, als sie hineingesteckt hatten. Natürlich machten sie Gewinne. Aber sie haben nicht rumgelogen und die Arbeit geringgeachtet. Das ist eine Einstellung, die wir uns wieder zu eigen machen sollten. Heute betrachten wir Weiterbildung als Kostenfaktor und nicht als Investition.

Und nicht nur die Bedürfnisse der Mitarbeiter müssen wir berücksichtigen, sondern auch unsere sozialen Verpflichtungen. Wenn Sie Unternehmer sind, genügt es nicht, der reiche Nachbar zu sein, der für Arbeitsplätze sorgt. Seiner Aufgabe wird ein Unternehmen erst dann gerecht, wenn es sich auch um andere Menschen in seinem gesellschaftlichen Umfeld kümmert. Das heißt, Sie können sich nicht damit begnügen, einen Ort zur Verfügung zu stellen, wo Leute ihre Montag-bis-Freitag-Arbeit abreißen. Sie müssen daraus einen Arbeitsplatz machen, der das Leben der Menschen bereichert – ihre Kommunikationsmöglichkeiten, ihre Ehen, ihr Familienleben.«

Roddick glaubt, daß sich diese Auffassung allgemein durchsetzen wird. Der Grund: »Die Menschen am Arbeitsplatz sagen: ›Ich möchte für ein Unternehmen arbeiten, dem an mir gelegen ist und nicht nur daran, was die Bilanz unterm Strich bringt. Ich möchte für ein Unternehmen arbeiten, das die seelischen und geistigen Kräfte des Menschen beflügelt, in dem ich Freunde finde und das mir das Gefühl gibt, lebendig zu sein.‹ Denn das ist es, was wir alle möchten: am Arbeitsplatz lebendig sein.«

Viertes Kapitel

Kreatives
Zusammenleben

»Es war die beste, es war die schlechteste aller Zeiten. Es war das Zeitalter der Weisheit, es war das der Torheit; es war die Epoche des Glaubens, es war die des Unglaubens; es waren die Tage des Lichts, es waren die der Finsternis; es war der Lenz der Hoffnung, es war der Winter der Verzweiflung. Alles lag vor uns, nichts lag vor uns; wir waren alle auf dem geraden Weg zum Himmel, wir waren alle auf dem geraden Weg ins Gegenteil...«

Charles Dickens
Harte Zeiten
(Deutsch von J. Seybt)

D ickens hatte die Zeit der Französischen Revolution im Auge, aber seine Worte haben nichts an Aktualität verloren. Auch wir schwanken zwischen Hoffnung und Verzweiflung, zwischen Licht und Finsternis. Die weltweite Rückbesinnung auf ethnische und religiöse Ursprünge zwingen uns zu kreativeren Entwürfen der künftigen politischen Ordnung. Angesichts der ökologischen Krise muß sich jeder von uns fragen, inwiefern seine angenehmen täglichen Gewohnheiten die Gesundheit und das Überleben aller anderen Lebewesen auf diesem Planeten beeinträchtigen. Unterernährung, Krankheit, Drogensucht und Obdachlosigkeit greifen immer weiter um sich, so daß sich niemand vor ihren Auswirkungen sicher wähnen und sich einbilden darf, er brauche sich über ihre Ursachen keine Gedanken zu machen.

Gleichzeitig leben wir aber auch in hoffnungsträchtigen Zeiten, weil wir durchaus über genügend Kreativität verfügen, um alle diese Probleme zu lösen, so schwierig sie auch erscheinen mögen. Die Welt hat große Ähnlichkeit mit dem Teppich, von dem im ersten Kapitel die Rede war. Wir müssen den Teppich umdrehen und seine Rückseite betrachten, um die Fäden zu entdecken, die die verschiedenen Probleme miteinander verbinden. Genau das ist es, was diese revolutionären Zeiten von uns verlangen: den wirklichen Zusammenhängen der Dinge auf den Grund zu gehen, damit wir unsere Probleme lösen können. In diesem Kapitel beschäftigen wir uns mit Menschen, die sich bemühen, das Leiden ihrer Mitmenschen zu lindern. Zu diesem Zweck verändern sie alte Institutionen oder schaffen neue, weil sie nur so die komplexen, vielfältig verflochtenen Probleme in den Griff bekommen können, die sich ihren Bemühungen in den Weg stellen.

Martin Luther King hat gesagt: »Jeder Mensch muß sich entscheiden, ob er im Licht eines schöpferischen Altruismus oder in der Dunkelheit destruktiver Selbstsüchtigkeit wandeln will. Allein darum geht es. Die älteste und dringlichste Frage des Lebens lautet: Was tust du für andere?«

Altruismus erwächst aus unserem Bestreben, anderen zu helfen. Das Gegenteil wäre die Einstellung: »Ich erledige meinen Job und scher mich den Teufel um die anderen.« So edel altruistische Gefühle auch sind, sie bleiben fromme Wünsche, solange sie nicht in praktisches Handeln umgesetzt werden. Zur Lösung von Problemen muß sich der Altruismus mit unseren kreativen Fähigkeiten verbinden.

> »Wenn ich nicht für mich da bin,
> wer wird dann für mich da sein?
> Wenn ich nicht für andere da bin,
> was bin ich dann?
> Und wenn nicht jetzt, wann dann?«
>
> *Rabbi Hillel,*
> *12. Jahrhundert*

Das Institute for Noetic Sciences in Sausalito, Kalifornien, verleiht jährlich Preise an Menschen, die sich durch besondere Selbstlosigkeit ausgezeichnet haben und in deren Arbeit sich ein neuer Ansatz zur Lösung brennender Menschheitsprobleme zeigt. Zu den Empfängern dieser Auszeichnungen zählen:

- Celeste Tate, die Gründerin von Gleaners, einer karitativen Einrichtung, die nichtverkaufte Lebensmittel in Einzelhandelsgeschäften sammelt und sie in speziellen Supermärkten vertreibt, in denen man eine große Tüte voller Lebensmittel für zwei Dollar kaufen oder durch Arbeit erwerben kann. Heute ernährt Gleaners zwanzigtausend Menschen pro Monat.

> »Nun aber bleibt Glaube, Hoffnung, Liebe, diese drei; aber die Liebe ist die größte unter ihnen.«
>
> *1. Korinther, 13,13*

- Janet Marchese, Adoptivmutter eines Kindes mit Down-Syndrom (Mongolismus), die sich zur Aufgabe gemacht hat, Eltern von Kindern, die an diesem Syndrom leiden, mit Ehepaaren zusammenzubringen, die bereit sind, solche Kinder zu adoptieren. Ihr Down's Syndrome Adoption Network hat bereits tausendfünfhundert Kinder vermittelt und kann eine beeindruckende Warteliste mit adoptionswilligen Ehepaaren vorweisen.

- Falaka und David Fatah, die dem drohenden Eintritt ihres Sohnes in eine kriminelle Straßengang dadurch zuvorkamen, daß sie die Gang aufforderten, bei ihnen zu wohnen. Heute umfaßt das House of Umoja in Philadelphia vierundzwanzig renovierte Reihenhäuser und bietet mehr als zweitausend jungen Menschen, die schon einmal straffällig geworden sind, Heim und Halt.

Winston Franklin, Vizepräsident des Institute for Noetic Sciences, erläutert: »Das sind ganz gewöhnliche Menschen, die Probleme in ihrer Nachbarschaft oder ihrer Stadt gesehen und beschlossen haben, etwas dagegen zu unternehmen. In allen Fällen lag ihr Genie in der Güte, die sich bei ihnen aus ganz tiefen Quellen zu speisen scheint.«

Eine natürliche
Interdependenz

Auch der Systemwissenschaftler George Land glaubt, daß die Fähigkeit, innovative Problemlösungen zu finden, aus einer tieferen Quelle stammt: der Natur. Nach seiner Auffassung tritt die ganze menschliche Zivilisation gegenwärtig in eine neue Phase der sozialen Organisation ein. Nachdem er die Verwandtschaft zwischen natürlichen Veränderungen und kulturellen Entwicklungen jahrelang sorgfältig beobachtet hat, ist er zu der Ansicht gelangt, daß sich unsere Zukunft in der Natur bereits abzeichne.

Nach Lands Theorie folgt Kreativität immer dem gleichen Grundschema – egal, ob sie sich über einen Zeitraum von Jahrmillionen in Pflanzen und Tieren äußert oder ob sie sich während der wenigen Minuten vollzieht, die ein Mensch braucht, um ein Problem zu lösen. Die Parallelität von Natur und Kultur hat Land in drei verschiedenen Organisationsphasen entdeckt, die alle lebenden Systeme durchlaufen müssen. In der ersten Phase erkundet das System die zur Verfügung stehenden Optionen und entwirft sich dann in seinen Grundzügen. In der zweiten Phase entwickelt es ein bestimmtes Schema, in dem es sein wirksamstes Verhalten organisiert. In der dritten Phase überwindet es die Grenzen des etablierten Schemas, um neue Aspekte berücksichtigen und sich weiterentwickeln zu können.

Diese Phasen sind auch in der menschlichen Entwicklung zu beobachten. Die Phase eins umfaßt etwa die ersten fünf Lebensjahre. In seinem permanenten Erkundungsverhalten läßt sich das Kind fast durch nichts abhalten. Wenn es gehen lernt, fällt es fünfzigmal hintereinander hin, steht wieder auf und versucht es von neuem. Im Bemühen, sich die Sprache anzueignen, probiert es alle denkbaren Wortkombinationen durch. Mit fünf Jahren hat es dann eine Vorstellung von sich selbst.

Wenn das Kind in die Schule kommt, wird es von der Gesellschaft systematisch auf den Eintritt in Phase zwei vorbereitet. Da geht es weniger um Erfindungsreichtum als um die Organisation eines stabilen Verhaltensmusters, das sich mit den Verhaltensnormen der Gesellschaft verträgt.

Wenn dieser Prozeß erfolgreich verläuft, reicht das in Phase zwei entwickelte Schema bis weit ins Erwachsenenalter hinein. Doch dann gelangen wir an einen Punkt, wo nichts mehr stimmt. Möglicherweise sprechen wir dann von ›Midlife-crisis‹. Doch egal, wie wir es nennen, im tiefsten Inneren wissen wir, daß wir neue Wege gehen, wieder in eine Experimentierphase eintreten müssen. Dazu meint Land: »Wir sind aufgefordert, das Grundschema aufzugeben und uns in unserem Inneren auf die Suche nach dem fünfjährigen Kind zu machen. Wir haben die Möglichkeit, unser Leben bewußt so zu gestalten, daß wir das ganze Maß jener Kreativität entfalten können, die uns allen zugänglich ist.«

Genaue Beobachtung

Auch genaue Beobachtung kann Ihrer Kreativität zugute kommen. Wir verstehen darunter, daß Sie auf Dinge achten, die Sie vorher nicht bemerkt oder als selbstverständlich hingenommen haben. Das ist von großer Bedeutung, wenn Sie schwierige und komplexe Problem lösen wollen. Sie beobachten dann genau, wenn die Freude an der Sache Ihren Blick zu schärfen scheint und Ihnen die Dinge mit ungewohnter Plastizität vor Augen führt. Das Vertraute wird fremd und faszinierend, als handle es sich um die Besichtigung eines unbekannten, exotischen Ortes. In höchster Ausprägung entspricht genaue Beobachtung dem ›White Moment‹, von dem auf Seite 53 die Rede war. Das ist Bewußtheit von solcher Klarheit, daß sich das normale Ich-Bewußtsein verflüchtigt, das sonst unsere Wahrnehmung dominiert. Wie beim Zen-Kalligraphen gibt es nur noch das ›Tun‹.

Heuristische Regel:
Seien Sie aufmerksam!
Sehr häufig bewegen wir uns mit eingeschaltetem Autopiloten durchs Leben. Bis zu einem gewissen Grad empfinden wir es als angenehm, wenn Menschen und Situationen vorhersagbar sind; wir schätzen unsere Gewohnheiten und vermeiden liebend gern alle Überraschungen. Doch die Routine hat auch ihre Schattenseiten. Allzu leicht können wir uns in unseren Sichtweisen festfahren. Statt tatsächlich hinzusehen, halten wir uns nur noch an unsere Erwartungen.

Das kann sich auf ganz verschiedene Art äußern – Sie bemerken die neue Haarfarbe oder Frisur Ihrer Partnerin nicht oder übersehen einen neuen Verbrauchertrend, der sehr wichtig für Ihre Firma sein könnte.

Es folgen einige Vorschläge, die Ihnen dabei vielleicht helfen können, Ihre Wahrnehmungen neu auszurichten.

☞ Tun Sie jeden Tag eine Sache, die von Ihrer üblichen Routine abweicht. Gehen Sie zu einem anderen Zeitpunkt zu Bett, oder fahren Sie auf einem anderen Weg zur Arbeit oder

Die Ballade vom Oak Creek Canyon

George Land hat einen Ort gefunden, wo seiner Meinung nach Spuren der drei Phasen kreativer Veränderung zu erkennen sind. Für ihn ist der Oak Creek Canyon bei Sedona, Arizona, ein lebendiges Lehrbuch, dessen Seiten einen machtvollen Schöpfungsdrang offenbaren – eine Kraft, die in der ganzen Natur und in jedem von uns wirkt.

»Vor ungefähr fünf Millionen Jahren«, erläutert Land, »hat sich hier in Sedona die Erdkruste aufgetan und diesen Canyon in einer Tiefe von über zweihundert Metern aufgerissen, wobei eine Gesteinsschicht um die andere bloßlegt wurde. Das machte auch den Weg frei für die Quellen im Berg, die sich von nun an durch den Canyon ergossen. In den Schichten der Canyonwand sehen wir die Wirkung des kreativen Prozesses über ungeheure Zeiträume.

Zunächst begann das feste Gestein aufzubrechen und in immer feinere Teile zu zerbröckeln, bis es schließlich zu fruchtbarem Erdreich wurde, in dem die ersten Pflanzen Halt fanden und wachsen konnten. Daraufhin siedelten sich in charakteristischer Phase-eins-Manier die verschiedensten Gräser, Büsche und Bäume im Canyon an.« Wie die Aufbruchsphase eines Unternehmens oder einer Gesellschaft ist dieser Zeitraum durch Offenheit für viele Alternativen gekennzeichnet. Doch in dem Maße, wie sich einige dieser Alternativen als fruchtbarer denn andere erweisen, verengen sich die Spielräume.

Im Canyon setzten sich Mesquitstrauch, Bärentraube und Wacholder durch – nur einige wenige der vielen Arten, die sich dort ursprünglich eingefunden hatten – und schufen ihr eigenes Muster. Sie eroberten den Canyon, vermehrten sich und verdrängten alle anderen Pflanzen.

»Nach einem langen Zeitraum«, erläutert Land weiter, »kamen sich die Bäume gegenseitig in die Quere. Sie begannen, sich – buchstäblich – umzubringen. So erfolgreich waren sie, daß sie die Nährstoffe im Boden verbrauchten, sich gegenseitig verdrängten und dann langsam ausstarben. Aber sie hatten den Weg geebnet. Ihr Untergang war, richtig besehen, ein Erfolg. Sie hatten eine neue Umwelt hervorgebracht, eine neue Bodenart, die sie durch die Vollendung ihres Schicksals und durch ihren Tod bereichert hatten. Als sie starben, verwandelten sich ihre Blätter in Muttererde.«

In der dritten Phase des Canyons erwachte das alte Muster wieder zu neuem Leben. Alle möglichen Arten siedelten sich im Canyon an und bildeten eine interdependente Ökologie, in der sie sich gegenseitig Platz ließen und neuen Spielarten

zur Schule. Oder essen Sie etwas, was Sie nie gegessen haben. Wenn Ihnen der Sinn nach noch abenteuerlicheren Unternehmungen steht, beginnen Sie eine Unterhaltung mit jemandem, der besonders schwierig im Umgang ist (den Sie vielleicht beim besten Willen nicht ausstehen können), und verhalten sich ihm gegenüber einmal ganz anders. Je vertrackter der andere und je tiefer verwurzelt die Routine, desto größer die Wahrscheinlichkeit, daß Sie Ihre gewohnte Perspektive durchbrechen. Sie sollen sich nicht den Kopf darüber zerbrechen, wie Sie die Situation verändern können, oder fragen: »Auf welche Art läßt sie sich am besten verändern?«, sondern Sie sollen die Situation einfach verändern – um der Veränderung willen.

Was wir täglich sehen, wird *all*täglich für uns. Menschen, Dinge, Bilder, Laute und Gerüche scheinen sich aus unserem Bewußtsein zu verflüchtigen. Sie verlieren ihre Besonderheit. Unter anderem können wir uns dagegen wehren, indem wir ein neues Wahrnehmungsmuster entwickeln, eine ganz neue Art, etwas Alltägliches zu sehen. ☜

185

☞ Beginnen Sie mit etwas so Selbstverständlichem wie Wasser. Versuchen Sie, zur Kenntnis zu nehmen, wie oft am Tag Sie mit ihm in Berührung kommen und auf welch unglaublich vielfältige Weise es in Ihr Leben tritt: von der heißen Dusche über die zarten Tautropfen auf den Blättern vor Ihrem Fenster bis hin zu den Eiswürfeln, die in Ihrem Glas klicken.

Wenn Sie alltägliche Objekte auf diese Weise aus ihrem normalen Kontext lösen und sie zu einem neuen Wahrnehmungsmuster organisieren, bedienen Sie sich einer Methode, die das Vertraute fremd erscheinen läßt.

Genauer beobachten können Sie auch dadurch, daß Sie neue Arten von Information aufnehmen. Wenn Sie dem nonverbalen Verhalten eines Menschen – Gesten, Körpersprache, Haltung, Tonfall – größere Aufmerksamkeit schenken, erweitern Sie Ihr Wahrnehmungsfeld. Dann hören Sie nicht nur die Worte, die jemand sagt, sondern auch die ›Musik‹, die der Ton macht. Dieser Beobachtungsmethode bedienen sich Therapeuten, Ärzte und Forscher in einer Viel-

des Lebens zur Existenz verhalfen. Für Land liegen die Parallelen zur Evolution menschlicher Organisation auf der Hand. Wir stehen am Anfang der dritten Phase unseres Zusammenlebens, in der wir eine Möglichkeit finden müssen, die verschiedenen Völker und Kulturen der Welt zu einem neuen Ganzen zusammenzuschließen.

Rettung eines Regenwaldes

Als wollten sie Lands Theorie bestätigen, entwickeln heute Menschen in aller Welt neue, spontane Formen der Zusammenarbeit, die aus der Einsicht in die allgemeine Interdependenz, die gegenseitige Abhängigkeit, erwachsen. Welche visionäre Kraft solchen Bemühungen innewohnen kann, zeigt das Beispiel einer schwedischen Schulklasse.

Den Anfang machten vor einigen Jahren die Kinder in Ena Kerns Klasse in einer kleinen schwedischen Landschule. Sie hatten im Unterricht erfahren, daß mit der Zerstörung der Regenwälder auf der südlichen Erdhalbkugel eine große Zahl kleiner Tiere sterben. Da viele der Kinder Haustiere wie Hunde oder Kaninchen hatten, fiel es ihnen leicht, den Vorgang zu begreifen. »Die Kinder waren auch sehr traurig«, erinnert sich

Kern, denn »sie glaubten, sie würden niemals einen Regenwald mit eigenen Augen sehen können, weil alle Wälder vernichtet sein würden, bevor sie erwachsen waren.«

Dann machte ein Junge der Klasse einen einfachen, aber kühnen Vorschlag: Warum retten wir nicht den Regenwald, indem wir ihn kaufen?

»Alle Kinder waren begeistert von der Idee und beschlossen, genügend Geld aufzutreiben, um einen Regenwald zu kaufen«, sagt Kern. »Leider hatte ich keine Ahnung, wie ich das anstellen sollte. Wie sollte das gehen: einen Regenwald kaufen? Zufällig lernte ich eine amerikanische Professorin kennen, die Forschungsarbeiten in einer Region namens Monte Verde in Costa Rica durchgeführt hatte. Sie erzählte mir, daß sie dort an einem Projekt mitarbeite, in dem man sich bemühe, Geld aufzutreiben, um Regenwälder zu kaufen und zu schützen. Sie kam in die Schule und zeigte den Kindern Bilder des Regenwaldes, den sie kaufen konnten. Sie waren ganz aus dem Häuschen und sagten: Treiben wir Geld auf und kaufen wir soviel wir können. Ich hätte ihnen sagen können, daß es unmöglich sei, aber ich ließ es.«

Also begannen die Kinder Geld zu sammeln. Sie organisierten Basare mit Veranstaltungen wie Ponyreiten, Kaninchenspringen und Hindernisrennen für

zahl von Situationen, in denen möglicherweise wichtige Informationen bewußt oder unbewußt zurückgehalten werden. Dr. Alexa Canady, die Neurochirurgin, die wir im ersten Kapitel vorgestellt haben, beweist ihre Kreativität damit, daß sie auf das hört, was der Patient wirklich sagt – statt einfach hinzunehmen, was er dem Wortlaut nach mitteilt.

Auch durch ›aktives Zuhören‹ können Sie dafür Sorge tragen, daß Sie keine wichtigen Informationen ausblenden. Manchmal hängen wir unseren eigenen Gedanken nach, während uns jemand etwas erzählt. Häufig schalten wir ab, weil wir uns innerlich auf unsere nächste Antwort vorbereiten. ☞*

☞* Um dieser höchst natürlichen Tendenz entgegenzuwirken, können Sie es sich zur Aufgabe machen, die Äußerungen Ihres Gesprächspartners hörbar zu registrieren. Lassen Sie ihn von Zeit zu Zeit wissen, wie bei Ihnen ankommt, was er Ihnen mitzuteilen versucht. Die Kunst liegt darin, die Einzelheiten seiner Mitteilungen zu wiederholen, ohne sie zu interpretieren oder zu beurteilen. Sie werden erstaunt sein, wie diese einfache Maßnahme – Rückmeldung geben, um Rückmeldung zu bekommen – Ihnen die Augen öffnet für das, was der andere wirklich zu sagen versucht.

Hunde. Außerdem schrieben sie Lieder über Regenwälder und trugen sie öffentlich vor:

Oh, du schöner Regenwald,
warum mußt du sterben?
Alle Arten brauchen dich,
drum müssen wir's verhindern!
Sollst niemals, niemals fallen,
denn wir alle brauchen dich.

Kern erinnert sich noch, wie die Kinder das Projekt planten: »Zunächst, sagten sie, könnten sie nur ein sehr kleines Stück kaufen, aber wenn wir es anderen zeigten, dann würden die ihnen helfen, so daß es ein größeres Stück würde, und vielleicht könnten wir sehr, sehr viele Menschen dazu bekommen, uns zu helfen, und dann würde sich die ganze Arbeit gelohnt haben. Und wenn Kinder in allen Ländern der Welt Geld für Regenwälder sammeln würden, dann würden wir Erfolg haben und es würden viele Regenwälder übrigbleiben – nicht nur ein kleines Stück. *Das war die Vision der Kinder.*«

Nachrichten aus der kreativen Vergangenheit

Soeben meldet unser Korrespondent aus dem Griechenland des fünften vorchristlichen Jahrhunderts eine Geschichte aus der Gelehrtenwelt mit menschlichem Hintergrund. Der Zustand des großen Denkers Demokrit, dem wir das Atommodell des Universums verdanken, gab Anlaß zu ernster Besorgnis. Tagelang sah man ihn auf dem Marktplatz sitzen, offenbar in Gedanken verloren. Besorgte Bürger riefen den Stadtarzt Hippokrates herbei. Eine rasche Untersuchung des bedeutenden Denkers zerstreute alle Bedenken. Wie sich herausstellte, regt Demokrit seine Kreativität an, indem er sich ganz in die Welt seiner Gedanken zurückzieht. Nur ein bißchen Meditation. Anscheinend muß man sich in seinen Gedanken verlieren, um seine besten Ideen zu finden.

Bald hörten Kinder in ganz Schweden von dem Projekt, beteiligten sich zu Tausenden – und sangen das Lied. Sogar der schwedische König besuchte die kleine Schule und unterstützte das Projekt.

»Wenn wir ein Problem haben«, sagt Kern, »sollten wir die Kinder nach einer Lösung fragen und sie ausprobieren. Das würde die Welt verändern.«

Leiden lindern

Avance – ein Weg zu neuer Hoffnung

Kreativität erwächst aus dem inneren Wesen eines Menschen. Doch wenn es dem Menschen an Zuversicht und Hoffnung fehlt, kann es schwierig, ja unerträglich werden, ein Kind großzuziehen. So verhielt es sich in der lateinamerikanischen Bevölkerungsgruppe von San Antonio, bis eine Frau das Problem erkannte und eine Lösung fand.

Alles fing damit an, daß Gloria Rodriguez, heute eine promovierte Erziehungswissenschaftlerin, an ihrer Magisterarbeit saß. Im Rahmen dieser Arbeit unterrichtete sie eine Gruppe von Erstkläßlern, die Probleme in der Schule hatten. »Schon mit sechs war das Schulversagen vorgezeichnet, weil sie mit miserablen Voraussetzungen in die Schule kamen«, sagt Rodriguez. »Mir wurde klar, daß die Probleme dieser Kinder sich nicht beheben ließen, wenn die Eltern nicht die Unterstützung und die Mittel bekamen, die sie brauchten, um ihre Kinder auf die Schule vorzubereiten.«

Sie hatte die glänzende Idee, den Müttern der Kinder in einem Kursus die Grundbegriffe der Elternrolle zu vermitteln. Und so entstand in San Antonio, Texas, Avance – *Komm voran* oder *Mach Fortschritte*. Gloria Rodriguez erinnert sich, daß es »fast war, als hätte man ein Licht angeknipst« – so plötzlich war die Idee da. Die klassische blitzartige Eingebung bestand in der Erkenntnis, daß *sich die Voraussetzungen, die Eltern brauchen, nicht von allein einstellen* – daß man die Fertigkeiten erlernen und geeignete Rollenmodelle vor Augen haben muß, daß man Anleitung und Unterstützung braucht.

Im Gespräch mit den Eltern der Kinder stellte Dr. Rodriguez fest, daß alle Eltern ihre Kinder liebten und das Beste für sie wollten. Die Ausbildung hatte für sie einen hohen Stellenwert.

Aber Rodriguez fand auch heraus, daß die Voraussetzungen der Kinder, Erfolg im traditionellen Schulsystem zu haben, denkbar schlecht waren. Besonders entmutigend erschien ihr der Umstand, daß praktisch alle Eltern erwarteten, ihre Kinder würden die Schule in der siebten oder achten Klasse abbrechen, wie sie selbst es getan hatten.

Wie Dr. Rodriguez entdeckte, setzen Schulen häufig voraus, alle Eltern wüßten, wie sie ihre Kinder auf die ersten Schuljahre vorzubereiten haben. Doch viele dieser Eltern hatten nicht die geringste Vorstellung von den Wachstums- und Entwicklungsprozessen ihrer Kinder. Einigen hatte es in der Kindheit selbst an der nötigen Zuwendung gefehlt. Andere lebten isoliert – sie kannten noch nicht einmal ihre nächsten Nachbarn. Sie standen unter ständigem Streß und hatten keine Hoffnung, etwas an ihrer Situation ändern zu können. Etwa die Hälfte ließ Depressionssymptome erkennen.

Rodriguez weist darauf hin, daß die Wellen europäischer Einwanderer, die in diesem Jahrhundert nach Amerika kamen, in gut organisierten Umsiedlerheimen aufgenommen wurden, wo sie in der Sprache ihrer neuen Heimat unterrichtet wurden, Hilfe bei der Wohnungs- und Stellungssuche erhielten und mit dem System vertraut gemacht wurden. »Leider galt das für große Teile der lateinamerikanischen Bevölkerungsgruppen nicht«, sagt Rodriguez, »uns wurde solche Unterstützung vorenthalten, und die Hoffnung verwandelte sich in Hoffnungslosigkeit, die Energie in Depression. Wenn Sie materielle Hilfe leisten, ohne diesen Menschen durch Liebe, Zuwendung und positive Rückmeldungen wieder Mut zu machen, werden Sie die Hindernisse in ihrem Leben nicht beseitigen können. Das größte Hindernis ist ihre Selbstwahrnehmung.«

Das Avance-Programm vermittelt Müttern, die in Isolation leben, ein soziales Netz, in dem sie Bekannte und Unterstützung finden. Die Mitarbeiterinnen teilen den anderen Müttern mit: »Wir haben genau da gestanden, wo ihr jetzt seid, und seht uns an – wir haben es geschafft, und ihr könnt es auch.«

Die Botschaft beflügelt und hat sich für die Avance-Absolventinnen immer wieder bewahrheitet. Die meisten der Schulabbrecher und Wohlfahrtsempfängerinnen machten anschließend qualifizierte Schulabschlüsse, und viele von ihnen sind heute in guten Stellungen. Laut Rodriguez besagt eine der wichtigsten Lehren des Programms: »Probleme haben wir alle. Entscheidend ist, wie wir mit ihnen umgehen.«

Eines der attraktivsten Angebote von Avance scheint auf den ersten Blick eher schlicht zu sein – der Kurs im Spielzeugbasteln. Für einige Mütter, die so arm sind, daß ihre Kinder keine Spielsachen haben, ist die Möglichkeit, Spielzeug für ihre Kinder anzufertigen, Grund genug, zu Avance zu kommen. Eine Mutter berichtet: »Ursprünglich bin ich zu Avance gegangen, um Spielsachen herzustellen. Ich wollte meinem Sohn welche schenken, hatte aber kein Geld, welche im Laden zu kaufen. Als ich in dem Programm anfing, habe ich mir geschworen, mich nicht um die Elternkurse zu kümmern. Doch als ich dann dort war, habe ich Freundinnen gefunden und so vieles über mein Kind, die richtige Ernährung und all diese Sachen erfahren.«

Die Spielsachen sind so konzipiert, daß sie den Vorschulkindern dabei helfen, sich grundlegende Begriffe wie Form und Farbe anzueignen. Beispielsweise besteht ein einfaches Spielzeug aus bunten Teilen: einem Quadrat, einem Dreieck und einem Kreis. Wenn die Kinder mit diesen Formen andere Objekte legen, etwa ein Puppenhaus, beginnen sie, die Formen in ihrer eigenen Umgebung zu erkennen. Und was vielleicht noch wichtiger ist, die Mütter lernen, wie sie die Neugier ihrer Kinder fördern können, statt sie zu unterdrücken.

Entscheidend ist auch, daß die Mütter erfahren, was auf den verschiedenen Entwicklungsstufen des Kindes normal und notwendig ist. Sie begreifen, was es heißt, die erste Lehrerin des eigenen Kindes zu sein.

Die kleinen Veränderungen, die die Mütter bei Avance erleben, sind oft die ersten Schritte zu weit größeren Veränderungen. Am deutlichsten zeigte sich das wohl in einem Viertel mit Sozialbauwohnungen, in dem viele der Avance-Mütter wohnen. »Mehr als tausend Kinder gab es dort«, sagt Dr. Ro-

›Mutter auf der Straße‹ – eine Fotografie rüttelt die Nation auf

Oft ist kreativer Altruismus spontan. Ein unerwartetes Ereignis, etwa die ungewöhnlich intensive Begegnung zweier sehr verschiedener Menschen, kann das Feuer der Kreativität entfachen. Ein Beispiel ist das folgende Erlebnis der namhaften amerikanischen Fotografin Dorothea Lange. Im März 1936 hatte sie eine monatelange, einsame Fototour durch die Vereinigten Staaten hinter sich. Es war Spätwinter, und das Wetter war noch rauh und trostlos. Es regnete, als sie heimwärts Richtung Norden fuhr. Die Kameras lagen schon wohlverstaut in ihren Taschen. Da sah sie aus den Augenwinkeln ein Schild: ›Erbsenpflücker-Camp‹. Irgend etwas veranlaßte sie zu halten. »Ich folgte einem Instinkt, keinem vernünftigen Grund«, berichtete sie später. »Ich bog in das triefende, schlammige Camp ein und hielt, wie eine Taube, die ihren Heimatschlag erreicht hat. Magnetisch fühlte ich mich zu einer hungrigen und verzweifelten Mutter hingezogen. Ich weiß nicht mehr, wie ich ihr meine Gegenwart oder meine Kamera erklärt habe, aber ich weiß noch, daß sie mir keine Fragen stellte.«

Weiter sagt Lange: »Ich habe sie nicht nach ihrem Namen oder ihrer Geschichte gefragt. Zweiunddreißig sei sie, sagte sie. Sie ernährten sich von dem erfrorenen Gemüse auf den umliegenden Feldern und von den Vögeln, die die Kinder erlegten. Gerade hatte sie die Reifen ihres Autos verkauft, um Lebensmittel zu erstehen. Da saß sie in ihrem behelfsmäßigen Zelt, inmitten der kauernden Kinderschar, und schien zu wissen, daß meine Bilder ihr helfen könnten. Und deshalb half sie mir. Es war eine Art Geben und Nehmen.« Damals konnte Dorothea Lange es nicht wissen, aber bei dieser Gelegenheit schoß sie eine der unvergeßlichen amerikanischen Fotografien: ›Mutter auf der Straße‹. Das Bild wurde von Zeitungen im ganzen Land verbreitet und rüttelte das Gewissen der Amerikaner wach. So bekam es hohen Symbolwert und hat die Sozialprogramme beeinflußt, die den hungrigen Wanderarbeitern und anderen Opfern der Depression endlich Hilfe brachten.

driguez, »aber nicht eine einzige Schaukel. Deshalb erklärten die Mütter: ›Moment mal, so geht das nicht. Das muß anders werden.‹ Inzwischen hatten sie genügend Mut gefaßt und trauten sich zu, die Dinge zu ändern. Sie erklärten dem Sozialamt: Wenn ihr wirklich nicht wollt, daß unsere Kinder Drogen nehmen und mit vierzehn schwanger werden, dann müßt ihr ihnen Alternativen bieten. Da bekamen sie 100 000 Dollar für den Bau eines Spielplatzes.« Als Drogenabhängige in der Nachbarschaft auftauchten, bildeten die Mütter eine Art Bürgerwehr und paßten gegenseitig auf ihre Kinder und Wohnungen auf.

Zusammengehörigkeitsgefühl erwächst aus kleinen Dingen – daß man Spielzeug bastelt oder erfährt, wie ein Kind lernt. Oder daß man erlebt, wie Nachbarinnen, die bei Avance waren, wieder zur Schule gehen und Arbeit finden. Plötzlich beginnen die Menschen an sich und ihre Fähigkeiten zu glauben. Dann kann sie nichts mehr aufhalten.

Durch eine seltene Mischung aus Liebe und praktischer Hilfe trägt Avance dazu bei, daß diese Frauen ihre negative Selbsteinschätzung verlieren und ihr Leben verändern. Das ist das Wesen von kreativem Altruismus.

Kreativer Altruismus

Blindheit ist eines der vielen tragischen Gesundheitsprobleme in der Dritten Welt. Für Familien, die an oder unter der Armutsgrenze leben, kann ein blindes Familienmitglied eine extreme Belastung darstellen. In vielen armen Ländern kommt Blindheit praktisch einem Todesurteil gleich. Zwischen Erblindung und Tod liegt im Durchschnitt ein Zeitraum von nur drei Jahren. Unfaßbar ist dabei, daß mehr als neunzig Prozent dieser Fälle von Blindheit zu verhindern wären, häufig durch bessere Ernährung in der Kindheit.

Darüber hinaus sind viele Fälle von Blindheit heilbar. Eine Staroperation für fünfzehn Dollar kann oft genug das Augenlicht wiederherstellen. Leider praktizieren fast alle Augenärzte in größeren Städten, während vor allem die Landbevölkerung von Blindheit betroffen ist.

In Nepal, einem Gebirgsland, wo die meisten Menschen keine anderen Fortbewegungsmittel als die Füße haben, war dieses Problem besonders akut. Das SEVA Foundation Blindness Project hatte sich zur Aufgabe gemacht, das Problem zu lösen und Augenchirurgen nicht nur aus Nepal, sondern aus der ganzen Welt als ehrenamtliche Helfer gewonnen. Allerdings war es zunächst sehr schwierig, die Chirurgen mit den vielen blinden Menschen in den abgelegenen Dörfern zusammenzubringen.

Die Lösung bestand in der Einrichtung sogenannter *Augencamps*, mobiler Operationsteams, die über Land fahren. Häufig werden die Eingriffe in improvisierten Operationssälen vorgenommen, wobei gelegentlich Schulpulte als Operationstische dienen müssen. Aber es klappt. Dank vorher durchgeführter Aufklärungskampagnen wissen die Familien, daß sie blinde Verwandte ins Augencamp bringen können, wo der Blinde durch eine erschwingliche Operation augenblicklich sein Augenlicht wiedergewinnt. Eine verlockende Aussicht, auch wenn der Weg ins Camp oft mehrere Tage dauert.

Kreatives soziales Handeln hängt häufig davon ab, daß man die Bedürfnisse verschiedener Gruppen wahrnimmt und in Einklang bringt. Das Seniorenbetreuungsprogramm der Cathedral of St. John the Divine in New York, einer Kirche des Hospitalordens, bietet eine intelligente Lösung für die Probleme, denen sich zwei Gruppen älterer Menschen mit unterschiedlichen Bedürfnissen gegenübersehen: die körperlich gesunden Rentner, die nach einer sinnvollen Beschäftigung suchen, und die Senioren mit gesundheitlichen Problemen, die weiterhin in der eigenen Wohnung und nicht im Altersheim leben möchten.

In der Nachbarschaft der Kathedrale wohnen viele ältere Menschen, die der einen oder der anderen Gruppe zuzurechnen sind. Das Seniorenprogramm bringt beide zusammen – die

Menschen zwischen sechzig und siebzig, die sich noch nützlich machen möchten, und jene Senioren, meist zwischen siebzig und neunzig, die sich bemühen, ihre Unabhängigkeit zu bewahren. Es geht um praktische Hilfe: die Rente abzuholen, Anträge auszufüllen, einzukaufen oder eine Glühbirne auszuwechseln. Täglich statten die ehrenamtlichen Helfer ihren Schützlingen Besuche ab und rufen an, um sich davon zu überzeugen, daß sie nicht gestürzt oder sonst zu Schaden gekommen sind.

»Das alles gehört zum Begriff der Gastlichkeit, der von zentraler Bedeutung für den Hospitalorden ist«, sagt Priester Paul Gorman. »Das bedeutet für uns auch, daß ältere Menschen das Recht haben, so lange wie möglich zu Hause zu leben.«

Kreative Zusammenarbeit – das machtvolle Zusammenwirken verschiedener Gruppen – erwies sich auch bei einem der schrecklichsten sozialen Probleme auf dem amerikanischen Kontinent als erfolgreich. In den achtziger Jahren lebten fast sieben Millionen verarmte Kinder auf den Straßen der brasilianischen Großstädte. Ohne Familie, ohne Zuhause, ohne Schulbildung trieben sie sich in verwilderten Banden herum und schlugen sich durch, so gut es ging. Wenig wurde für sie getan. Pädagogen bezeichneten sie als Parias, wußten aber keine Möglichkeit, ihnen zu helfen. Die Gesundheitsbehörden nannten sie eine Belastung für das Gesundheitssystem, sahen sich aber außerstande, ihnen auch nur die medizinische Grundversorgung zuteil werden zu lassen. Geschäftsinhaber meinten, die Straßenkinder vertrieben ihnen durch ihre bloße Gegenwart die Kunden. Die städtischen Behörden machten die Augen zu, und die Polizei verfolgte sie mit Argwohn.

Einen ganz neuen Ansatz schlug das in New York ansässige Synergos Institute vor. Überzeugt, daß eine einzelne Gruppe nichts gegen das Problem auszurichten vermochte, setzte sich Synergos für eine Partnerschaft zwischen all den Gruppen ein, die etwas für die Kinder tun konnten. Das Ergebnis war Roda Viva, eine Bewegung, die in nur anderthalb Jahren von zwanzig auf vierhundert Mitgliedsgruppen anwuchs. Die Organisatoren begriffen ihre Partnerschaft als ›Lebendiges Rad‹: Die Mitglieder als die Speichen, die alle gleichmäßig für die gute Sache eingespannt waren, und im Zentrum die unterprivilegierten Kinder.

Allmählich begannen sich die Lebensbedingungen der Kinder zu verbessern. Nachts wurden die Schulen geöffnet, damit die Kinder einen Schlafplatz hatten. Man richtete mobile medizinische Behandlungszentren ein. Rechtsanwälte stellten ihre Dienste kostenlos zur Verfügung, um die Kinder vor Schikanen und willkürlichen Verhaftungen zu schützen. Man stellte ihnen Sportstätten zur Verfügung und bemühte sich sogar um Stellungen für die älteren Kinder. Roda Viva bietet mehr als nur die Lösung für ein Sonderproblem. Mit dem Nachdruck, den es auf die Zusammenarbeit als Mittel zur Lösung schwierigster Probleme legt, ist es rasch zum Modell für andere gemeinnützige Partnerschaften geworden.

Nicht einfach *Business as usual*

Auch einige der wirtschaftlich erfolgreichsten Organisationen leisten einen Beitrag, um das Elend der vielen leidenden Menschen zu lindern. Die Unternehmerin Anita Roddick, die wir im dritten Kapitel kennengelernt haben, glaubt, das Geschäftsleben sei ein wunderbares Vehikel für Altruismus, »weil es so pragmatisch ist. Uns interessieren nur Ergebnisse.«

Ihr Unternehmen Body Shop International betreibt eine Reihe sozialer Projekte: Hilfe für aidskranke Waisenkinder in Rumänien, Widerstand gegen die Zerstörung des Regenwalds in Brasilien, Hilfe für Behinderte in den Städten, in denen ihr Unternehmen Einzelhandelsgeschäfte unterhält. Um auch das soziale Engagement des einzelnen zu unterstützen, gestattet sie den Mitarbeitern von Body Shop einen halben Tag in der Woche bei Lohnfortzahlung einer gemeinnützigen Tätigkeit ihrer Wahl nachzugehen.

Bald nach dem Zusammenbruch des kommunistischen Regimes in Rumänien erfuhr man im Westen von der großen Zahl aidskranker Waisenkinder, die in die elenden, personell unterbesetzten Heime des Landes abgeschoben wurden. Roddick berichtet: »Ich hielt mich gerade in Schottland auf, als mir die Zeitschriften in die Hände fielen, in denen die erschütternden Fotos der Kinder in den rumänischen Waisenhäusern abgebildet waren. Ich überlegte, was ich tun könnte. Meine Tochter, die mit in Schottland war, schlug vor, etwas in der Firma zu organisieren. Ich war sofort Feuer und Flamme, und als ich wieder in die Firma kam, fragten zwei oder drei Mitarbeiterinnen: Können wir etwas für Rumänien tun?

Also bildeten wir eine kleine Gruppe zur Betreuung des Projekts und schickten einen Trupp von ›Pflegern‹, wie wir sie nannten, nach Rumänien, die den Auftrag hatten, in der nördlichen Moldau drei Waisenhäuser, die keinerlei Unterstützung erhielten, aufzuräumen und zu streichen. Dann entsandten wir einen weiteren Trupp, das ›Liebesteam‹, das keine andere Aufgabe hatte, als diese Babys, die größtenteils nie geküßt oder gestreichelt worden waren, in den Arm zu nehmen, mit ihnen zu sprechen und sie anzublicken.«

Was bringt das schon, wird mancher denken. Aber Roddick tritt leidenschaftlich für solche Aktionen im überschaubaren Rahmen ein. »Warum zählt für alle immer nur die große Lösung?« fragt sie. »Was ist falsch am selbstlosen persönlichen Einsatz, der diesem einen Baby in Rumänien hilft? Ein Tropfen auf dem heißen Stein, werden viele sagen. Na und? Wenigstens zischt der Tropfen«, fügt sie hinzu. »Ich habe nicht das geringste Interesse daran, Nationen oder Gesellschaften zu verändern. Mich interessieren nur die wunderbaren Manifestationen der menschlichen Seele.«

Ein sehr schönes und ganz unspektakuläres Beispiel für diese Manifestationen ist Tag für Tag in einer Fabrik in den Randbezirken von Kioto in Japan zu besichtigen. Die Berufsaussichten für Menschen mit schweren körperlichen und geistigen Behinderungen sind in der Regel gleich Null. Häufig wird ihre berufliche Eignung daran gemessen, ob sie zu gleichen Leistungen wie nichtbehinderte Mitarbeiter fähig sind. Kazuma Tateisi, der Gründer von Omron, einem führenden japanischen High-Tech-Unternehmen, entwickelte einen sozialeren und kreativeren Ansatz zur Lösung des Problems. Dabei orientierte sich Tateisi am Erkenntnismodell der Systemtheorie, die untersucht, wie die Teile eines Ganzen so zusammenwirken, daß dieses größer ist als die Summe seiner Teile. Insbesondere legte der japanische Unternehmer die Kybernetik gekoppelter Systeme zugrunde, um neuartige Verbindungen von menschlichem und maschinellem Leistungsvermögen zu entwickeln.

Er war nämlich der Überzeugung, daß man Behinderte auch an komplizierten Fertigungsstraßen mit Erfolg einsetzen kann, wenn es gelingt, ihr Leistungsvermögen mit dem Leistungsvermögen von Maschinen zu verschränken, die so konstruiert sind, daß sie die begrenzten physischen Kräfte von Behinderten optimal nutzen. Tateisi glaubt, daß jeder Mensch etwas tun kann – und mag das Etwas noch so klein sein. In Omrons Sun-House-Fabrik gibt es ganze Fertigungsstraßen, die auf die Höhe von Rollstuhlfahrern abgesenkt worden sind. Ein gelähmter Mann, der nur noch eine Hand benutzen kann, bedient ein Werkzeug, das speziell für diese Hand entworfen wurde. Eine Packmaschine ist so konzipiert, daß sie von einer Frau bedient wird, der ihre schwere Behinderung nur die Energie und Beweglichkeit für eine geringfügige Vorwärtsbewegung läßt. Ganz leicht stößt sie das Stück Pappe nach vorn. Mit kräftigem Schwung vervollständigt die Maschine die Herstellung des Kartons.

In einer interdependenten Welt sollte alles – und *jeder* – nützlich sein.

Vereinigung von sakraler und säkularer Welt

In der Upper West Side von New York, auf einer schroffen Anhöhe, die das Zentrum von Harlem überblickt, steht die größte gotische Kathedrale Amerikas. Zwar ist die Cathedral of St. John the Divine schon seit mehr als hundert Jahren im Bau, aber immer noch nicht fertig. Stück um Stück wachsen ihre Steintürme empor.

Obwohl äußerlich unvollkommen, ist die Kathedrale zum Mittelpunkt einer Renaissance der städtischen Kirchengemeinde geworden, um deren religiöse Belange sie sich kümmert. Einer der Priester, die für diese städtische Seelsorge verantwortlich sind, ist Dechant James Parks Morton. Um verständlich zu machen, wie und warum seine Institution ihre Rolle neu definiert, erinnert Dechant Morton an die Aufgaben der Kathedrale in den nicht weniger turbulenten Zeiten des Mittelalters. »Die mittelalterlichen Kathedralen, die vom Ende des 12. bis zum 14. Jahrhundert entstanden, waren Zeugen einer bedeutsamen geschichtlichen Wende«, erläutert Morton. »Kathedralen wie Notre Dame, Chartres und Westminster Abbey wurden erbaut, als die ersten europäischen Großstädte entstanden. Seit Roms Niedergang herrschte in Europa eine dezentralisierte, dörfliche Kultur. Die Großstädte dieser Zeit lagen im Orient und Mittleren Osten, nicht in Europa.

Mit den wichtigen Handelsstraßen entwickelten sich auch die ersten Großstädte. Sie signalisierten das Ende des Feudalismus und den Beginn eines neuen Zeitalters. Und genau zu diesem Zeitpunkt wurde der Bau der Kathedralen in Angriff genommen. In ihnen kam das neue Lebensgefühl zum Ausdruck. Großstädte wuchsen aus dem Boden und mit ihnen die Kathedralen. In den frühen Tagen der Kirche waren die Kathedralen von bescheidener Größe, kaum mehr als ein Dach über dem Bischofsstuhl. Doch als die Städte immer größer wurden, machte man die Kathedralen zum Symbol der neuen Aufbruchsstimmung.

Die Kathedrale war ein Ort, in dem die ganze Stadt zusammenkommen konnte. In diesen Bauwerken feierte man die große Vereinigung – alles und jedes fand irgendwie zusammen und wurde erhoben. Regierung und Politik, Wirtschaft, Wissenschaft und Denken, die tätige Liebe, die Kunst und, natürlich, der Gottesdienst, alles fand am gleichen Ort statt.

Das macht die Kathedralen zu so großen Kunstwerken – die Kunst einer ganzen Stadt, eines ganzen Zeitalters kommt in ihnen zum Ausdruck. Viele der großen Institutionen unserer modernen Welt sind in Grunde Kinder der Kathedralen. Die ersten Schulen in Westeuropa waren Domschulen. Außerdem stellen die Kathedralen technische Meisterwerke dar, die größten ihrer Zeit, in denen sich Experimente aller Art niederschlugen.«

Wie die meisten Großstädte ist New York mit einer Fülle von Problemen geschlagen. Dechant Martin glaubt, daß sich die Kathedrale dieser Wirklichkeit nicht verschließen darf. Infolgedessen fließt ein großer Teil ihrer Haushaltsmittel in Programme zur Ausbildung und Motivierung junger Menschen.

Bewährung am Stein

Voller Stolz zeigt Dechant Morton seine Steinwerkstatt, einen riesigen Platz neben der Kirche, auf dem Platten aus rohem Sandstein mit Meißel und Feile sorgfältig zu exakt geformten Blöcken oder kunstvollen Skulpturen bearbeitet werden, die für den Bau der Kathedrale gedacht sind. Diese Steinwerkstatt ist der Schauplatz eines der eigenwilligsten Experimente der Kathedrale, dazu bestimmt, die sozialen Bindungen der Gemeinde fester zu knüpfen.

Jahrzehntelang stagnierte die Arbeit an der Kathedrale. Die

Gibt es für Styropor ein Leben nach dem Tode?

Gut hundert Meter vom Hauptaltar der Cathedral of St. John the Divine ist eine sehr irdische Ausstellung zu bewundern: der Prototyp eines Dachgartens. Er wurde von Paul Mankiewicz und Bill Kinsinger entworfen, die beide dem Gaia-Institut der Kathedrale angehören, und könnte zum Vorbild für ein grünes Manhattan werden. Solche Gärten würden die Luft säubern, die Stadt kühlen und frisches Gemüse liefern.
Dieser Prototyp bietet eine einfallsreiche und einfache Lösung für ein technisches Problem: Wo läßt sich Erdreich finden, das einerseits in der Lage ist, Pflanzen auf Hausdächern zu ernähren, und andererseits leicht genug, um die Dächer nicht zum Einsturz zu bringen. Die Idee: ›Erde‹, die zum Teil aus zerkleinertem Polystyrol besteht. Wenn man Polystyrol mit Kompost mischt, erhält man einen nährstoffreichen und leich-

Steinmetzkunst war im Begriff auszusterben. Es gab keinen Nachwuchs mehr. In verschiedenen Stadien ihrer Vollendung waren die Arbeiten an zwei riesigen Türmen und verschiedenen anderen Teilen der Kathedrale zum Erliegen gekommen. Als die Kuratoren der Kathedrale beschlossen, den Bau zu vollenden, trafen sie eine weitreichende Entscheidung: Sie wollten die Steinmetzkunst wiederbeleben und eine eigene Werkstatt gründen, aus der eine Schule dieses Kunsthandwerks werden sollte.

Lehrlinge suchte man sich in der Nachbarschaft der Kathedrale. Viele der jungen Menschen, die heute den Sandstein behauen, kommen aus bitterarmen Familien, die tief in Drogen- und Alkoholprobleme verstrickt sind.

Heute ist die Steinwerkstatt weltberühmt. Die New Yorker Steinmetzen empfangen Kollegen aus aller Herren Länder. Im Schatten der großen Kathedrale offenbaren Steinmetzen aus Frankreich, Rußland und Kolumbien die Geheimnisse ihrer Kunst.

Viele Mitglieder der Steinwerkstatt haben zuvor eines der größeren sozialen Programme der Kathedrale absolviert, das Manhattan Valley Youth Outreach Program. Jährlich durchlaufen bis zu fünftausend junge Männer und Frauen aus den umliegenden Slums dieses Programm – die Beratung für Drogenkonsumenten, für Mütter oder Väter im Jugendalter, Kurse zur Berufsfindung oder einen anderen der sechs oder sieben Beratungsdienste.

Da ist zum Beispiel Eddie Pizarro, heute der Chef der Steinwerkstatt. »Eddie stammt aus einer Familie in Spanish Harlem, die sich mit einer Vielzahl von Problemen herumschlug«, sagt Dechant ten Boden. Die Lösung würde außerdem zur Antwort auf eine weitere ökologische Frage beitragen – was nämlich mit den Milliarden Styroporbechern geschehen soll, die wir täglich wegwerfen.

Morton. »Doch mit viel Schweiß und Quälerei hat er sich vom Anfänger zum Leiter der Steinwerkstatt hochgearbeitet.«

»Im Grunde versuche ich hier, anderen dabei zu helfen, etwas aus sich zu machen«, sagt Pizarro von seiner Arbeit. »Ich weiß, wovon ich rede, ich hab selber viel Mist gebaut. Wenn ich die vielen Burschen sehe, die die Ausbildung erfolgreich absolvieren, dann macht mich das stolz. Ich bringe den Jungens ein Handwerk bei und helfe ihnen dadurch, sich ein Leben aufzubauen.«

Für die rund sechzig jungen Männer und Frauen, die in der Steinwerkstatt arbeiten, war es nicht leicht, sich in einem normalen Leben zurechtzufinden. Viele kommen aus Familien und Stadtvierteln, in denen Arbeitslosigkeit, Schulversagen, Drogenprobleme, Alkoholmißbrauch und Teenager-Schwangerschaften die Norm und nicht die Ausnahme sind. Dort ist es schon eine Leistung, eine einfache Stellung zu ergattern, vom Erlernen eines Handwerks ganz zu schweigen.

»Ich versuche, ihnen Selbstvertrauen zu geben«, sagt Pizarro. »Viele dieser Jungen wissen gar nicht, wie gut sie sind. Die Arbeit ist nicht leicht. Du brauchst mindestens ein oder zwei Monate, um zu kapieren, das du sie wirklich schaffen kannst. Doch wenn du hier dein Handwerk gelernt hast, findest du überall in der Welt Arbeit.«

Die Steinmetzen der Kathedrale haben nicht nur ein sterbendes Kunsthandwerk wiederbelebt, sie haben sich auch einen hervorragenden Ruf erworben. Ihre Dienste werden von Denkmalpflegern in Anspruch genommen, die die steinernen Wahr-

203

Ich bin eine Kamera

Es folgt eine Übung, zu der Sie einen Freund brauchen. Sie kann sehr unterhaltsam sein und Ihnen vor Augen führen, wie es ist, vorurteilsfrei zu sehen.

☞ Entscheiden Sie sich, wer die Kamera und wer der Fotograf ist. Wenn Sie den Part der Kamera übernehmen, muß Ihr Freund als Fotograf hinter Ihnen stehen. Ihre Augen sind die Kameralinse, und Ihre rechte Schulter ist die Auslösetaste. Ihre Augen (die Linse) sind geschlossen, bis der Fotograf ein Foto macht, indem er Ihnen auf die rechte Schulter klopft (auf den Auslöser drückt). Für einen kurzen Moment öffnen und schließen sich Ihre Augen – wie der Verschluß einer Kamera. Der Fotograf hat die Aufgabe, Sie herumzuführen, Sie an den Schultern zu lenken und so hinzustellen, daß sich Ihren Augen immer wieder andere Motive darbieten. Dann ›schießt‹ er ein ›Bild‹ (indem er Ihnen auf die rechte Schulter klopft). Natürlich

zeichen ihrer Städte vor dem Verfall bewahren wollen, und von Bauherren, die ihre neuen Gebäude mit den Zeugnissen dieser Kunst schmücken möchten.

Angesichts der jungen Menschen, die er durch die Ausbildung gebracht hat, empfindet Pizarro berechtigten Stolz. Einer ist Edgar Reyes, ein Absolvent des Manhattan Valley Youth Outreach Program. Heute ist er Vorarbeiter in der Steinwerkstatt. »Als Edgar hier anfing, war er der jüngste Lehrling«, sagt Pizarro. »Er hatte eine traurige Vorgeschichte – eine Pflegefamilie nach der anderen. Anfangs nahm ich ihn öfter zu mir nach Hause und sagte: Hör zu, lern, soviel du kannst. Eines Tages, sagte ich ihm, hast du das alles drauf. Dann bist du jemand. Heute ist Edgar meine rechte Hand.«

Während sie ihr Handwerk erlernen, bekommen viele Lehrlinge mit ihren tiefverwurzelten Gewohnheiten und ihrem negativen Selbstbild zu tun. Pizarro: »Ich hoffe, daß sie nicht nur etwas übers Steinmetzhandwerk lernen, sondern auch übers Leben: wie man ein Ziel erreicht. Da ist ziemlich hart für viele dieser Jungs, weil die meisten gar nicht wissen, was sie schaffen können, wenn sie sich wirklich Mühe geben. Sie schmeißen die Sache hin, sie sagen: ›Das kann ich nicht.‹ Burschen wie ich müssen ihnen klarmachen, was sie wirklich können.

Die Einstellung hat viel damit zu tun.

Viele dieser Burschen bringen von der Straße die Einstellung mit, daß es nur ums Überleben geht. Sie begreifen nicht, daß man viel mehr tun kann, als nur zu überleben. Vier Jahre Lehre sind hart. Manche Leute halten es so lange noch nicht mal in der Ehe aus. Es kostet 'ne Menge Überwindung, vier Jahre zur Schule zu gehen und ein Handwerk zu lernen. Aber es ist schon ein tolles Gefühl, wenn du den Stein bearbeitest und dann siehst, wie er tatsächlich in die Kathedrale eingesetzt wird. Und wenn dann die Leute kommen, sich das ansehen und sagen: Mann, guck dir mal an, was da für Arbeit drinsteckt.«

Nachdenklich meint Reyes: »Man braucht lange, um eine Kathedrale zu bauen. Mag sein, daß ich nicht mehr erlebe, wie sie fertig wird. Aber vielleicht meine Kinder. Die Kathedrale wird von den Menschen hier für ihre eigene Gemeinde erbaut. Ich kann sagen: ›Ich habe das gebaut.‹ Ich kann den Leuten zeigen: Das habe ich gemacht.«

Trotz so augenfälliger Erfolge wird Dechant Morton häufig gefragt, warum ein Kirchenbezirk, der so viel Wert auf praktische Gemeindearbeit legt, beträchtliche Mittel für die Vollendung eines Turms aufwendet. Diese Frage pflegt er mit der alten buddhistischen Legende von dem Bettler mit zwei Münzen zu beantworten: Mit der einen kauft er Brot,

muß der Fotograf darauf achten, daß er mit der Kamera nicht anstößt und sie beschädigt. Nehmen Sie an, es gäbe zwischen zwölf und vierundzwanzig Bilder auf dem Film. Solange sollte er Sie bewegen und knipsen (klopfen).

Ihre Aufgabe als Kamera besteht darin, sich alle Einzelheiten des Bildes vollständig und wirklichkeitsgetreu einzuprägen. Trauen Sie dem Fotografen; er weiß, was er tut. Wenn er den Auslöser betätigt, öffnen Sie Ihre Augen nur kurz – eine Sekunde reicht –, und das Bild, das Sie vor Augen haben, wird auf dem Filmmaterial (Ihrem Gedächtnis) aufgezeichnet. Sie haben nichts anderes zu tun, als wahrzunehmen, was Sie vor sich haben, ohne daß in eines der Bilder *eine vorgefaßte Meinung* einfließt. ☞

Es gibt eine Reihe guter Gründe für diese Technik. Die rasche Folge registrierter Eindrücke zeigt Ihnen, wie es ist, etwas zu sehen, ohne daß die Wahrnehmung durch Ihre Erwartungen gefiltert wird. Diese unvoreingenommene Wahrnehmung spielt in der Kreativität eine große Rolle. Wie viele andere Erfinder meint Paul Mac-Cready (vgl. Seite 43), für den kreativen Prozeß sei es von entscheidender Bedeutung, daß man seine vorgefaßten Meinungen ausblende, bevor man ein neuartiges Problem angehe.

Weiter auf Seite 210

mit der anderen eine Blume von erlesener Schönheit.

»Wir bestehen nicht nur aus unserem Magen«, sagt Morton. »Auch der spirituelle Teil des Menschen braucht Nahrung. Und der Turm, der ein sehr schönes Gebilde ist, verkörpert auf ganz konkrete Weise die Gemeinde, die ihn erbaut. Die Menschen, die ihn schaffen, können sagen: ›Mein Enkel wird noch daran arbeiten.‹ Und mein Enkel wird sagen: ›Mein Großvater hat das gebaut.‹ Das ist wunderbar.«

Eine Symbiose besonderer Art

In der Kathedrale mischen sich die säkularen und sakralen Elemente auf eine faszinierende Weise. Genauso war es nach Dechant Mortons Auffassung auch im Mittelalter. »Eine meiner Lieblingsgeschichten«, sagt Morton, »betrifft die große Kathedrale in Chartres, die auf dem Marktplatz erbaut wurde, so daß sich das bunte Treiben direkt vor ihren Toren entfaltete. Viele Leute halten es der Frömmigkeit der Erbauer zugute, daß der Fußboden zum Altar hin ansteigt, so als würde der Besucher gen Himmel gehoben.

Alles Quatsch. Die Kathedrale befand sich direkt auf dem Marktplatz, und wenn es regnete, drängte alles in ihr Inneres – einschließlich der Hühner, Schweine und des anderen Getiers. Der Fußboden hat diese Neigung, weil man ihn hinterher abspülen mußte und weil das Schmutzwasser wieder zur Tür hinauslaufen sollte. Das ist eines meiner Lieblingsbilder für die Verschmelzung von sakralen und säkularen Elementen. Und genau das wollen wir wiederherstellen – eine natürliche Verbindung zwischen diesem Ort und der Gesellschaft dort draußen.«

Für Dechant Morton ist die Vielfalt der Gesellschaft der Ursprung ihrer Kreativität. Aus Unterschieden kann eine *Symbiose* erwachsen, eine segensreiche Beziehung zwischen zwei ungleichen Geschöpfen. Der Begriff läßt sich zugleich wissenschaftlich und religiös verstehen. Kreativer Altruismus erwächst aus der Gemeinsamkeit, aus der Gesellschaft, in der wir leben. Wie die Kathedrale ist die Gesellschaft – wenn sie leben-

---

Die Kunst einer konfliktgeladenen Stadt

In der Kathedrale übt auch eine afroamerikanische Tanzgruppe ihre Kunst aus. Für Abdel Salaam, den Leiter der Tanztruppe Forces of Nature, ist die Darbietung seines Ensembles eine Art städtische Seelsorge mit dem Ziel, das Verständnis zwischen den zerstrittenen ethnischen Gruppen der Stadt zu fördern.

»Die Kunst kann die New Yorker dazu zu bringen, ihre Streitigkeiten beizulegen und über alle ethnischen Grenzen zusammenzuwachsen«, sagt Salaam.

Zum Repertoire der Truppe gehören sowohl afrikanische wie afroamerikanische Tänze, unter anderem auch ein senegalesischer Tanz namens ›Wolo Sodon Jondon‹. Es ist ein Tanz des senegalesischen Jon-Volks, dessen Angehörige einer Dienerkaste angehörten. Oft wurden sie in die Sklaverei verkauft und von Westafrika in die Neue Welt verschifft. »Sie erlebten, wie ihre Brüder und Schwestern fortgeschleppt und auf Schiffen übers große Wasser verschwanden«, sagt Salaam, »und sie sahen, daß sie an Händen und Füßen gefesselt waren. Nur den Körper konnten sie bewegen. Daher beginnt der Tanz damit, daß nur Kopf und Rumpf in langsame, kreisende Bewegung geraten, denn was anderes konnten sie ja nicht rühren. Doch im zweiten Teil des Tanzes zerbrechen die Ketten, die Füße werden frei, und die Arme schwingen immer weiter und wilder. Das symbolisiert die Aufhebung all der Einschränkungen, die unsere jungen Leute unfrei machen – schlechte Ausbildung, unzulängliche Wohnverhältnisse, Krankheit. Das Zerbrechen dieser Ketten ist eine Art Gebet, das wir unseren Kindern, unseren Eltern, allen New Yorkern anbieten. Das Gebet besagt, daß wir mit dem Geist der Kreativität, der in uns allen wohnt, unsere Träume verwirklichen und alle Konflikte überwinden können.«

dig ist – eine Arbeit, die nie zum Abschluß kommt. Die Gesellschaft befindet sich, wie das Leben selbst, in ständiger Entwicklung, macht Fehler, geht in die Irre und kommt voran. Diese Evolution ist das Ergebnis von Kreativität und Anteilnahme.

Es ist die beste, es ist die schlechteste aller Zeiten. Es ist eine Zeit, in der es gilt, unsere Verantwortung für andere zu überdenken und die Grenzen unserer tätigen Anteilnahme zu erweitern. Wenn wir im Sinne des kreativen Altruismus handeln, dann befinden wir uns im Zentrum des Lebens, in enger Beziehung zu anderen. Es besteht die Hoffnung, daß die Menschen der Erde, da sie unvermeidlich näher zusammenrücken werden, zu einer neuen globalen Kultur zusammenwachsen, die ihre Kraft nicht zuletzt aus ihrer Vielfalt schöpfen wird. Doch unter welchen Bedingungen ist eine solche Renaissance der menschlichen Kreativität denkbar?

Eine globale Renaissance
der Kreativität

I mmer wieder hat es im Laufe der Geschichte Zeiten und Orte
gegeben, die die Menschen zu besonderer Erfindungskraft
und Kreativität angeregt haben. Den Historikern zufolge
sind die Ursachen für solche Entwicklungen vor allem: eine
besondere Vielfalt unterschiedlicher Standpunkte, gesellschaftliche Verhältnisse, die Veränderungen begünstigen, und die
dringende Notwendigkeit, bestimmte Probleme zu lösen. Beispielsweise könnte ein ziemlich wilder Abschnitt in der Geschichte der Vereinigten Staaten dafür verantwortlich sein, daß
sich dieses Land als besonders empfänglich für den Geist der
Kreativität erwiesen hat.

Howard Gardner meint, die Probleme, denen sich die amerikanischen Siedler gegenübersahen, hätten nach kreativen Lösungen verlangt:»In den Siedlungsgebieten – auf einer Farm
oder in der Wildnis – entzündete sich die Erfindungskraft häufig an einem praktischen Problem, für das es keine Präzedenz-
fälle, keine Bedienungsanleitungen, keine schlauen Menschen
mit guten Ratschlägen gab. Die Menschen, die jungen und die
alten, mußten die Köpfe zusammenstecken, bis sie eine Lösung
gefunden hatten.«

Unter welchen Bedingungen sich eine Renaissance der Kreativität entfalten kann, hat Dean Simonton an der University of
California untersucht. Dabei ist er zu dem Schluß gekommen,
daß im Laufe der Geschichte vor allem heftige Rivalitäten zwischen kleinen Staaten zum Auslöser von Kreativität geworden
sind. Das antike Griechenland, das einige der größten Denker
der Welt hervorgebracht hat, zerfiel in zahlreiche Stadtstaaten
– Korinth, Athen, Sparta und andere. Ganz ähnlich herrschte
in Italien zur Zeit der Renaissance tödlicher politischer Zwist

Unvoreingenom-
mene Fragen

In Zeiten großer Veränderungen ist Antworten meist keine lange Dauer beschieden, während eine Frage unter Umständen sehr wertvoll sein kann. Wer fragt, befindet sich noch auf der Suche nach einer Antwort. Kreatives Leben ist beständige Suche, bei der sich gute Fragen als nützliche Orientierungshilfen erweisen können. Wie wir festgestellt haben, sind offene Fragen dabei am hilfreichsten, weil sie neue und unerwartete Antworten provozieren.

Kinder scheuen sich nicht, solche Fragen zu stellen. Auf den ersten Blick erscheinen sie naiv. Doch bedenken Sie, daß unser Leben heute ganz anders aussehen würde, wenn bestimmte erstaunte Fragen nicht gestellt worden wären. Die folgende Liste mit erstaunten Fragen hat Jim Collins von der Graduate School of Business der Stanford University zusammengestellt:

Albert Einstein: Wie würde

zwischen rivalisierenden Stadtstaaten, zum Beispiel Florenz und Venedig, die alle ihre eigene Form der Kreativität entwickelt und Männer wie Michelangelo, Raffael, Dante, Machiavelli und Leonardo hervorgebracht haben. Auch Mozart, Beethoven, Goethe, Hegel und Schiller haben ihre Schaffenskraft zu einer Zeit entfaltet, als das heutige Deutschland noch aus einem Mosaik kleiner Fürstentümer bestand. Mit der Einigung Deutschlands durch Bismarck, Ende des 19. Jahrhunderts, ging das Goldene Zeitalter dieser Nation zu Ende. Oder wie Gladstone sagt: »Er machte Deutschland groß und die Deutschen klein.«

Das sind keine isolierten Beispiele; vielmehr zieht sich das Muster durch alle historischen Epochen. Zu diesem Ergebnis gelangt Simonton in einer ehrgeizigen Untersuchung, in der er die Zahl außergewöhnlich kreativer Menschen in allen großen Kulturen Europas, Indiens, Chinas und der islamischen Welt in der Zeit zwischen 500 v. Chr. und 1899 n. Chr. ermittelt hat. Wie er feststellte, stehen Wohlstand, territoriale Ausdehnung, Zentralismus und militärische Macht in keinerlei Beziehung zur Kreativität. Die einzige Variable, die mit kreativen Aufschwüngen korrelierte, war politische Zersplitterung.

Daraufhin untersuchte Simonton 127 Zwanzigjahresabschnitte in der europäi-

schen Geschichte, von 700 v. Chr. bis
1839 n. Chr. Wiederum ergab sich, daß
nationale Zersplitterung der beste politische Vorhersagefaktor für Kreativität ist.
Die Entwicklung von Kreativität hängt
nicht unwesentlich von der Berührung
mit kultureller Vielfalt ab.

Das letzte Goldene Zeitalter der Kreativität in Amerika erreichte seinen Höhepunkt nach dem Zweiten Weltkrieg.
»Auf sämtlichen Gebieten bewiesen wir
große Kreativität und wurden führend in
der Welt«, sagt Simonton. »Alle Nationen nahmen sich die Leistungen, die wir
in Wissenschaft, Kunst und anderen kulturellen Bereichen vollbrachten, zum
Vorbild.« Ein Grund für diesen kreativen
Aufschwung war nach Simontons Auffassung der Umstand, daß Amerika die
kulturelle Vielfalt in der eigenen Bevöl-
kerung vorfand – von den Flüchtlingen
aus Europa bis zu den Afroamerikanern.

Schwimmt gegen den Strom!

Eine Kindheit, die inmitten kultureller
Vielfalt und gegensätzlicher Standpunkte zugebracht wird, ist ein wahres
Lebenselixier für den Geist der Kreativität. Beispielsweise sind die bedeutend-
sten Philosophen in Epochen und Regio-
nen aufgewachsen, die gekennzeichnet

eine Lichtwelle für jemanden aussehen, der mit ihr
Schritt hielte?
Bill Bowerman (Erfinder
der Nike-Schuhe): Was passiert, wenn ich Gummi in
mein Waffeleisen gieße?
Fred Smith (Gründer von
Federal Express): Warum
soll es keinen Postzustell-
dienst geben, der zuverlässig über Nacht arbeitet?
Godfrey Hounsfield (Erfinder der Computertomogra-
phie): Warum sollen wir
nicht einen dreidimensio-
nalen Blick in das Innere
des menschlichen Körpers
werfen können, ohne ihn
aufzuschneiden?
Masaru Ibuka (Ehrenpräsi-
dent von Sony): Warum
bauen wir nicht einen Kas-
settenrecorder ohne Auf-
nahmeteil und Lautspre-
cher und versehen ihn statt
dessen mit Kopfhörern?
(Ergebnis: der Sony Walk-
man.)
Viele dieser Fragen erschienen zunächst lächerlich.
Andere Schuhhersteller hielten Bowermans Waffel-
schuhe für eine ›völlig be-
scheuerte Idee‹. Godfrey
Hounsfield teilte man mit,
die Computertomographie
sei ›nicht realisierbar‹. Masaru Ibuka mußte sich Kom-
mentare anhören wie: »Ein
Recorder ohne Lautspre-

cher und Aufzeichnungsteil – sind Sie verrückt?« Fred Smith erläuterte seine Idee für Federal Express in einer Hausarbeit an der Yale University und bekam dafür lediglich ein ›Befriedigend‹.

☞ Es folgt eine einfache Übung, die Ihre Fähigkeit trainiert, Fragen zu stellen, die völlig neue und unerwartete Ideen zutage fördern. Nehmen Sie sich eine Woche lang jeden Tag ein paar Minuten Zeit, um sich eine Frage zu stellen, die mit den Worten beginnt: »Ich frage mich...« Nach Möglichkeit soll die Frage einen bestimmten Bereich Ihres Lebens betreffen, etwa den Arbeitsplatz. »Ich frage mich, was geschehen würde, wenn wir das Unternehmen in zwölf kleinere, selbständige Firmen aufgliederten?« Dabei dürfen Sie auf keinen Fall irgendeine Zensur ausüben, mag die Frage auch noch so weltfremd oder bizarr klingen.

Sobald Sie sich darin ein bißchen geübt haben, versuchen Sie, mit Ihren Fragen an die Öffentlichkeit zu gehen, beispielsweise indem Sie sie Freunden oder Kollegen stellen. Wählen Sie einen Aspekt, an dem Ihnen wirklich gelegen ist

waren von politischer Zersplitterung. Professor Simonton hat herausgefunden, daß die kreativen Blütezeiten dann mit einer Verzögerung von zwanzig Jahren nachfolgten. Das geistige Klima in den rivalisierenden Kleinstaaten weckte in den Kindern eine kreative Grundhaltung, die Früchte trug, wenn sie erwachsen wurden – selbst wenn die Nation inzwischen vereinigt und gleichgeschaltet war. »Aristoteles war zwar der Lehrer Alexanders des Großen«, erläutert Simonton, »aber dem winzigen Athen und nicht dem makedonischen Riesenreich gebührt das Verdienst für die geistige Entwicklung des Philosophen.« Wenn die Bürger solcher Großstaaten um Kreativität ringen, so kann man ihnen nur einen Rat geben: Schwimmt gegen den Strom! Die meisten der großen Philosophen sind zu Überzeugungen gelangt, die sich völlig konträr zu den Normen ihrer Zeit verhielten.

Wettbewerbsorientierte Kleinunternehmen von heute sind den rivalisierenden Stadtstaaten früherer Zeit nicht unähnlich. Die Naturgeschichte des Wirtschaftslebens hat immer wieder gezeigt, daß ein Kleinunternehmen, das ungeahnte Erfolge hat und über alle Maßen wächst, rasch Gefahr läuft, seine kreativen Kräfte einzubüßen, nicht anders als es Großstaaten ergeht. »Große Institutionen ersticken alle Veränderung«, sagt Jim Collins von der Stanford University.

»Warum waren die westlichen Volkswirtschaften so viel flexibler und wandlungsfähiger als die massiven, zentralisierten Wirtschaftssysteme des Ostblocks? Weil in kleinen Einheiten weit mehr Raum für Kreativität bleibt als in riesigen monolithischen Systemen.« Auf interessante Parallelen zwischen individueller und gesellschaftlicher Kreativität weist Simonton hin. Auf individueller Ebene setzt Kreativität einen bestimmten Prozeß voraus: die Aneignung neuer Ideen, den Verlust des Gleichgewichts und den Versuch, sich auf die veränderte Situation einzustellen, eine neue Synthese zu erreichen. Ziel des kreativen Prozesses ist es, die Teile in ein zusammenhängendes Ganzes zu integrieren. Doch um kreativ zu bleiben muß das Individuum ständig neue Informationen und neue Erfahrungen assimilieren.

und der auch für andere von Interesse ist. Hören Sie sich die Antworten, die Sie bekommen, aufmerksam an. Wie in der Geschichte von des Kaisers neuen Kleidern werden Sie wahrscheinlich entdecken, daß Ihre Fragen wunde Punkte bloßlegen und stillschweigende Voraussetzungen sichtbar machen, die in Zweifel zu ziehen sind.

Gleiches gilt für die gesellschaftliche Ebene. In den kreativsten Epochen gab es einen ungeheuren Ansturm vielfältiger Einflüsse – neue Ideen und interkulturelle Kontakte. In solchen Zeiten steht die Gesellschaft vor der Aufgabe, die ganze Vielfalt dieser unterschiedlichen komplexen Aspekte miteinander in Einklang zu bringen. In der besten aller möglichen Welten wird eine solche Gesellschaft kreativ und tritt in ein Goldenes Zeitalter ein, in dem es ihr gelingt, aus ihrer Vielfalt eine besondere Lebensform oder ein neues Weltbild zu zimmern.

Nach Simontons Ansicht könnte Amerika kurz vor einem neuen Kreativitätsschub stehen. Er weist darauf hin, daß es große Bevölkerungsgruppen afrikanischer und lateinamerikanischer Herkunft gibt und daß gegenwärtig eine starke Einwanderungswelle aus dem Pazifikraum und Südostasien zu verzeichnen ist. Bislang manifestiert sich die Vielfalt in kleinen Splittergruppen, doch wenn es dem Land gelingen sollte, die

Kräfte dieser Pluralität zu einem einheitlichen gesellschaftlichen Entwurf zu bündeln, dann, meint Simonton, könnten die Vereinigten Staaten auch in Zukunft eine der kreativsten Nationen der Welt sein.

In Europa waren große ethnische Gruppen viele Jahrzehnte lang zwangsweise riesigen Imperien eingegliedert, nun erlaubt ihnen ihre neue Freiheit, die eigene Vergangenheit zu betrachten und sich zu fragen: Was heißt es eigentlich, ein Slowake oder ein Pole zu sein? Die künstliche Einheitlichkeit, die Osteuropa und der Sowjetunion übergestülpt worden war, ist aufgehoben; an ihrer Stelle werden regionale Zentren der Kreativität entstehen.

Im übrigen ist die gegenseitige Beeinflussung verschiedener Kulturen heute dank der globalen Kommunikationstechniken viel stärker als früher. Kulturen, die in dem einen oder anderen Kreativitätsbereich Nachholbedarf haben, können sich an anderen Gesellschaften orientieren – was Japan mit Erfolg getan hat, indem es sich die westlichen Technologien aneignete.

Letztlich aber wird eine Kreativitätsrenaissance auf das Handeln einzelner angewiesen bleiben. Stolz prägt ein schwedischer Arbeiter dem Maschinenteil, das er angefertigt hat, seinen Namen ein. Liebevoll legt eine Detroiter Neurochirurgin einem Säugling die Hand auf den Kopf und sucht nach Hinweisen, die ihr eine erfolgreiche Operation erlauben. Mit großen Augen blickt ein italienisches Kind auf die betörende Schönheit eines Mohnfeldes und verkündet, das sei »besser als Eiskrem«. Doch das letzte Wort in Sachen Kreativität soll eine Frau haben, die blind und taub war.

Helen Keller erinnert sich an die Unterhaltung mit einer Freundin, die gerade von einem langen Waldspaziergang zurückgekehrt war. Als sie ihre Freundin fragte, was sie gesehen habe, erwiderte diese: »Nichts Besonderes.«

»Ich fragte mich, wie es möglich sei«, schreibt Helen, »eine Stunde lang durch den Wald zu gehen und nichts von Bedeutung zu sehen. Ich, die ich nicht sehen kann, entdecke Hunderte

von Dingen: die filigrane Symmetrie eines Blattes, die glatte
Oberfläche einer Weißbirke und die rauhe, kantige Rinde einer
Kiefer. Ich, die ich blind bin, möchte den Sehenden einen Rat
geben: Nutzt euer Augenlicht, als würdet ihr morgen mit
Blindheit geschlagen.

Lauscht dem Klang der Stimmen, dem Gesang eines Vogels,
dem mächtigen Brausen eines Orchesters, als würdet ihr morgen mit Taubheit geschlagen.

Fühlt jeden Gegenstand, als würde euch morgen euer Tast-
sinn im Stich lassen.

Genießt den Blumenduft und laßt euch jeden Bissen auf der
Zunge zergehen, als würdet ihr morgen nicht mehr riechen und
schmecken können.

Kostet alle eure Sinne bis zur Neige aus.

Seid dankbar für den Reichtum, die Lust und die Schönheit,
die die Welt euch schenkt.«

»Wenn wir uns von unseren
Träumen leiten lassen, wird
der Erfolg alle unsere Erwartungen übertreffen.«

Henry David Thoreau

Danksagung

Die Idee zu diesem Buch entstand während der Interviews mit den Teilnehmern der Fernsehserie *The Creative Spirit*. Ihnen allen gilt unser Dank. In besonderem Maße sind wir Lisa Sonne verpflichtet, die mit ihrer wissenschaftlichen Arbeit wesentlich zum theoretischen Konzept der Serie beigetragen hat und auch an der Herstellungsleitung beteiligt war. Außerdem danken wir allen Mitgliedern des Produktionsstabs, die in vielfältiger Form an den inhaltlichen Entscheidungen mitgewirkt haben: Catherine Tatge, Sunde Smith, Anne-Marie Cunnife, Anne Hansen und John Andrews. Von der Kunstfertigkeit und dem Witz der Comic-Zeichner Chuck Jones und John Canemaker haben wir alle außerordentlich profitiert.

Viel verdanken Organisation und Ablauf des gesamten *Creative-Spirit*-Projekts auch der Erfahrung und dem Gespür des Herstellungsleiters Alvin H. Perlmutter. Die Mitwirkung von IBM sorgte für den internationalen Zuschnitt des Projektes. Wir danken Arlene Wendt, Bill Harrison, Cal LaRoche und Michael Gury für ihre begeisterte Unterstützung.

Großen Dank für ihre Beiträge schulden wir Howard Gardner, Teresa Amabile, Mike Csikszentmihalyi, Kenneth Kraft, Benny Golson, Jim Collins, James Parks Morton, Dori Shallcross, Hisashi Imai, Loris Malaguzzi, Tiziana Filipini, Jan Carlzon, Anita Roddick, Rolf Osterberg, Herman Maynard, Wayne Silby, Sheridan Tatsuno, Dee Dickinson, Tara Bennett Goleman, Jennifer und Karen Kaufman, Kathleen Speeth und Kenneth Dychtwald.

Linda und Valerie Johnes sind wir verpflichtet, weil sie uns den Sisyphus der Beifußsträucher, Mr. Ideenproduzent höchstpersönlich, Wile E. Coyote vorübergehend überlassen haben.

Für ihre phantasievolle und geduldige Mitarbeit danken wir Hans Teensma, Ginger Barr Heafey, Al Crane und Jeff Potter.

Und nicht zuletzt gilt unser Dank unserer Lektorin Rachel Klayman, ohne deren Kreativität und Sorgfalt dieses Buch nicht so geworden wäre, wie es jetzt vor Ihnen liegt.